KB266500

있어 보이는 척하기 좋은 사방의 공식
세계 척학전집

WORLD KNOWLEDGE SERIES 04

있어 보이는 척하기 좋은 사랑의 공식

세계 척학전집

사랑은 오해다

이클립스 지음

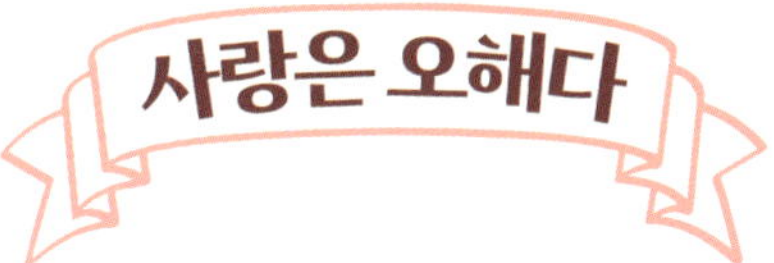

모티브

사랑은 왜 이렇게
어려운가

'사랑받고 싶다.'

이것을 인정하는 데 용기가 필요한 시대가 됐다. 감정을 드러내면 약해 보인다. 먼저 연락하면 진다. 좋아한다고 말하면 을이 된다. 그래서 쿨한 척한다. 바쁜 척한다. 괜찮은 척한다. 그러면서 핸드폰을 본다. 읽었는데 답이 없다. 한 시간이 지났다. 두 시간이 지났다. 별거 아닌 거 알면서도 아무렇지 않은 척하면서 계속 본다. 그런데 이런 이야기를 진지하게 꺼내면 분위기가 달라진다. 감정적이라는 소리를 듣는다. 과장한다는 말을 듣는다. 실연한 친구가 말한다. '없으면 못 살 것 같아. 이 고통이 끝나지 않을 것 같아.' 주변에서는 이렇게 말한다. '시간이 지나면 나아질 거야. 더 좋은 사람 만나면 돼. 너무 집착하는 거 아니야?' 그래서 침묵한다. 웃으면서 넘기고 유머로 포장한다.

롤랑 바르트는 '사랑하는 사람의 담론이 가장 고독한 언어다.'라고 했다. 사랑하는 사람의 말은 아무도 진지하게 듣지 않는다는 말이다. 과학에는 과학의 언어가 있고 정치에는 정치의 언어가 있다. 그 언어들은 진지하게 취급된다. 하지만 사랑의 언어만은 공식적인 영역에서 추방됐다. 그런데 혼자 있을 때는 다르다. 밤에 잠이 오지 않을 때. 그 사람 생각이 날 때. 왜 이렇게 됐는지 이해가 안 될 때. 그때 사랑은 전혀 가볍지 않다. 사랑은 철학이다. 누가 뭐라든. 삶에서 가장 강렬한 경험. 가장 오래 남는 상처. 그런데 우리는 그것에 대해 신지하게 생각해본 적이 없다. 그냥 경험하고, 상처받고, 시간이 지나면 잊히겠지 하고 넘겼다.

이 책은 그 침묵을 깬다. 키르케고르는 사랑하는 여자와의 파혼을 스스로 선택해놓고, 평생 그 결정을 글로 해부했다. 사르트르는 자유를 말하면서 보부아르에게 그 자유의 비용을 치르게 했다. 바르트는 사랑하는 사람은 항상 혼자라고 했다. 가트맨은 수천 쌍의 부부를 관찰하며 이혼을 예측하는 패턴을 찾았다. 트리버스는 수백만 년의 진화 속에서 짝짓기의 논리를 꺼냈다. 훅스는 말했다. 우리 대부분은 사랑을 배운 적이 없다고.

이들은 사랑을 감상으로 다루지 않았고 메커니즘으로 봤다. 왜 그런지를 물었고, 그 결과 답을 찾았다.

그 답은 불편하다. 내가 그 사람에게 끌린 이유가 낭만적인 것이 아닐 수 있다. 그 관계가 망가진 이유가 상대의 잘못이 아닐 수 있다. 내가 사랑이라고 불렀던 것이 사랑이 아니었을 수 있다. 하지만 불편한 것과 쓸모없는 것은 다르다. 상처를 받았다고 왜 상처받았는지 아는 것은 아니다. 끌렸다고 왜 끌렸는지 보이는 것은 아니다. 많이 겪는다고 저절로 알게 되지 않는다. 패턴을 보지 못하면 겪을수록 같은 자리를 맴돈다.

이름이 붙는 순간이 있다. 설명할 수 없어서 미칠 것 같던 감정에 구조가 보이는 순간. 그때 고통이 사라지는 것은 아니다. 다만 성격이 바뀐다. '나만 이상한 건가'에서 '아, 이게 그거였구나'로. 사랑이 어렵다는 것은 변하지 않는다. 다만 왜 어려운지가 보이기 시작한다.

이제 첫 번째 공식이 시작된다.

이 책은 유튜브 채널 '이클립스'를 운영하며 15만 구독자와 함께 "어떻게 하면 정말 필요한 지식을 재미있고 쉽게 전달할 수 있을까?"를 고민해온 저자가 사랑을 현대의 언어로 재해석한 결과물이다.

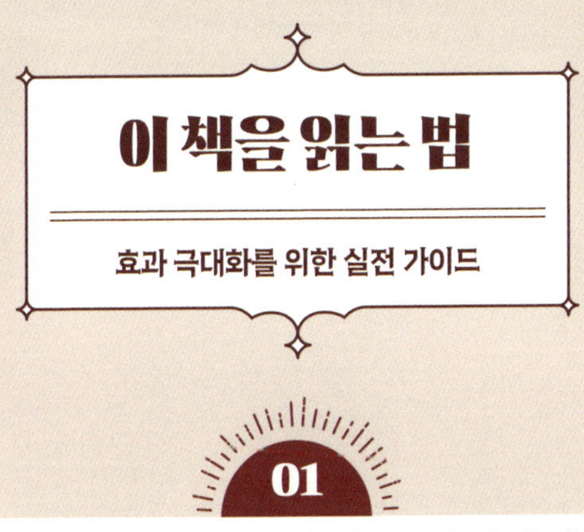

이 책을 읽는 법

효과 극대화를 위한 실전 가이드

01
당신의 읽기 스타일을 선택하라

이 책은 두 가지 방식으로 읽을 수 있다.

순차적 독서

Part 1 → Part 2 → Part 3 → Part 4 순서로 읽어라. 각 파트는 이전 파트의 토대 위에 선다. "사랑이 무엇인가"를 먼저 알아야 "왜 그 사람에게 끌렸는가"가 보인다. 끌림의 구조를 알아야 "왜 관계가 망가지는가"가 이해된다. 파국의 메커니즘을 알아야 "어떻게 사랑할 것인가"에 실질적인 답이 생긴다. 처음부터 끝까지 읽으면 사랑의 전 과정이 하나의 체계로 잡힌다.

문제중심 독서 `추천`

지금 당신이 있는 자리에서 시작하라. 목차를 천천히 읽어라. "네가 끌리는 사람은 부모의 그림자다" "친밀함이 깊어질수록 욕망은 사라진다" "우리는 피해자, 구원자, 가해자를 돌아가며 연기한다" "소유하는 순간 흥미를 잃는 인간의 구조". 어떤 문장이 가슴을 찌르는가? 거기서 시작하라. 각 챕터는 독립적으로 완결된다. 플라톤을 건너뛰고 가트맨으로 들어가도 된다.

긴 여정의 네 번째 책

이 책은 세계척학전집 시리즈의 네 번째 책이다.

철학 편이 "어떻게 생각할 것인가"를 가르쳤다면, 심리학 편은 "인간은 어떻게 작동하는가"를 밝혔다. 부 편이 "돈은 어떻게 움직이는가"를 분석했다면, 이 책은 묻는다. 그 모든 것을 알면서도 왜 이렇게 되는가. 사랑이 네 번째인 이유는 명확하다. 생각하는 법을 배웠고, 인간을 읽는 법을 배웠고, 부의 구조를 알았다. 이제 가장 어렵고 가장 오래 남는 것을 다룰 차례다. 철학이 사유의 도구였고, 심리학이 인간 해독의 매뉴얼이었다면, 사랑은 그 모든 것이 만나는 자리다. 다음에는 권력과 사회학이 기다린다. 인간과 세상을 이해하는 모든 학문을 당신의 언어로 재구성하는 긴 여정이다. 네 번째 책을 펼쳤다면, 여정은 이미 깊어지고 있다.

공식처럼 사용하라

이 책은 네 개의 사랑 공식이다.

Part 1. 사랑의 정체 ― 내가 사랑이라고 부르는 것이 무엇인지 모를 때 꺼내라.

Part 2. 끌림의 구조 ― 왜 그 사람에게 끌렸는지 이해하고 싶을 때 꺼내라.

Part 3. 파국의 공식 ― 관계가 왜 이렇게 됐는지 알고 싶을 때 꺼내라.

Part 4. 사랑의 기술 ― 어떻게 사랑해야 하는지 모르겠을 때 꺼내라.

이 책은 연애에 대한 팁을 주지 않는다. '이럴 때 이렇게 해라'는 상황이 바뀌면 쓸 수 없다. 대신 구조를 준다. 왜 끌렸는지, 왜 무너졌는지, 왜 반복되는지. 구조가 보이면 상대가 바뀌어도, 상황이 바뀌어도, 자기가 어디 있는지 안다.

수학 공식처럼 답을 내주지는 않는다. 하지만 지금 내가 어디 있는지, 무슨 일이 일어나고 있는지를 보여준다. 공식은 평온할 때 쓰이지 않는다. 왜 그 사람에게 끌렸는지 모르겠을 때. 같은 패턴이 또 반복되고 있다는 걸 느낄 때. 열심히 했는데 왜 이렇게 됐는지 이해가 안 될 때. 사랑하는데 왜 이렇게 외로운지 모르겠을 때. 그때 이 책을 펼쳐라.

Insight 박스를 놓치지 마라

각 챕터 곳곳에 Insight 박스가 있다. 본문이 "이해"를 위한 것이라면,
Insight는 "지금 나에게 적용"하기 위한 것이다.

헨드릭스 챕터를 읽으면서 지금까지 사귄 사람들의 공통된 패턴을 떠올려라. 가트맨 챕터를 읽으면서 가장 최근의 갈등에서 어떤 방식으로 싸웠는지 복기하라. 채프먼 챕터를 읽으면서 파트너에게 가장 서운했던 순간이 무엇인지 떠올려라.

읽고 덮지 마라. 읽고 자신의 관계를 다시 봐라.

15분 읽고, 한 달 관찰하라

한 챕터는 15분이면 읽힌다. 하지만 그 15분이 한 달의 관찰을 연다.

지라르를 읽었다면 한 달 동안 내가 누군가를 원할 때 거기에 매개자가 있는지 보라. 페렐을 읽었다면 한 날 동안 파트너가 기장 매력적으로 느껴지는 슈간이 언제인지 관찰하라. 보웬을 읽었다면 한 달 동안 상대의 감정이 나의 감정이 되는 순간을 포착하라.

사랑은 관찰이다. 오늘 하나, 내일 하나 보다 보면 1년 후 당신은 자신의 관계 패턴을 처음으로 온전히 보게 될 것이다.

사랑을 이해하고 싶었던 사람이,
사랑을 이해하고 싶은 사람에게.

"사랑은, 완벽하지 않다는 걸 아는 순간 완성된다."

— 이클립스 —

CONTENTS

PART 1

사랑의 정체
우리가 사랑이라 부르는 것들

⌐ **PART 2** ⌐

끌림의 구조

왜 하필 그 사람인가

⌐ **PART 3** ⌐

파국의 공식

관계는 왜 무너지는가

PART 4

사랑의 기술

잘 사랑하는 법은 배울 수 있다

사랑의 정체

우리가 사랑이라 부르는 것들

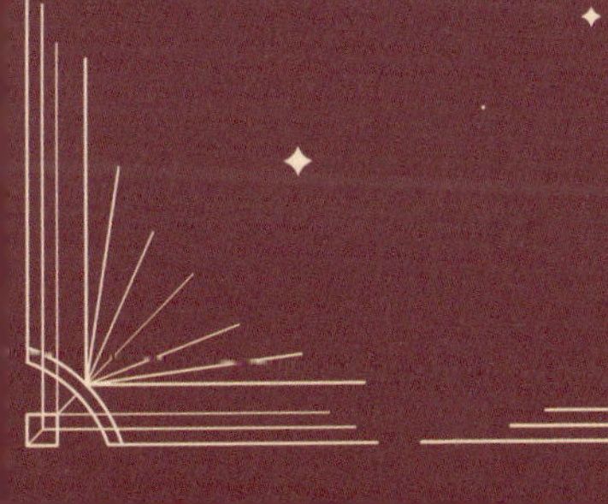

테노브의 리머런스

사랑에도 진단명이 있다

01

Dorothy Tennov

테노브의 심리학을 안다는 것은 '리머런스'라는 단어를 외우는 게 아니다. 지금 가슴이 뛰는 이 감정이 상대를 향한 것인지, 상대의 반응을 향한 것인지를 구별하는 것이다. 이 구별 하나가 사랑의 방향을 완전히 바꾼다.

당신은 그 사람을 사랑한 적이 없다

한 번도 만난 적 없는 사람을 사랑할 수 있을까. 대부분은 아니라고 답한다. 만난 적도 없는데 무슨 사랑이냐고. 그런데 생각해보라. 당신이 매일 보는 그 사람은 다른가.

지금 좋아하는 사람이 있거나, 최근까지 강하게 끌렸던 사람이 있다면 그 사람을 떠올려라. 그리고 그 사람에 대해 당신이 아는 것을 나열해보라. 그중에서 직접 목격한 것, 직접 들은 것, 직접 경험한 것만 남겨라. 추측한 것, 상상한 것, '그랬을 거라고 믿은 것'을 전부 빼라. 얼마나 남는가. 생각보다 훨씬 적다.

우리는 대부분의 시간 동안 실제 상대가 아니라 '상대에 대한 자기 이미지'를 사랑한다. 문자 몇 줄, 스쳐간 표정 몇 개, 우연히 들은 말 한마디. 그 조각들을 재료로 머릿속에서 한 사람을 완성한다. 빈 자리는 내가 원하는 방향으로 채운다. 그리고 그 완성된 이미지에 매달린다.

상대는 그 이미지와 다르다. 당연히 다르다. 그 이미지대로 살 수도 없고, 살아줄 이유도 없으니까. 도로시 테노브Dorothy Tennov는 이 상태에 이름을 붙였다. 리머런스Limerence. 그리고 말했다. 당신이 사랑이라고 부르는 그 감정의 상당 부분은, 상대를 향한 것이 아니라고.

두 남학생이 가져온 질문

1960년대, 미국 브리지포트 대학교. 심리학 교수 테노브에게 두 남학생이 찾아왔다. 한 명은 실연 후 알코올에 빠져 있었고, 다른 한 명은 한 학기를 통째로 날린 상태였다. 둘 다 같은 말을 했다. "사랑 때문입니다." 테노브는 의아했다. 사랑이 사람을 이 정도로 부수는 감정이라면, 그 정체가 대체 무엇인가. 학생들을 보낸 뒤 그 질문이 떠나지 않았다. 그때부터 파고들었다. 500명 이상을 인터뷰했다. 나이, 성별, 직업을 가리지 않았다. 데이터가 쌓일수록 이상한 패턴이 보였다.

사람들이 "사랑"이라고 부르는 것 안에 전혀 다른 두 가지 경험이 섞여 있었다. 하나는 상대를 진심으로 아끼고, 함께 있고 싶고, 그 사람이 잘 되기를 바라는 감정이었다. 다른 하나는 상대의 반응에 따라 하루가 좌우되고, 상대 생각이 의지와 무관하게 침입하고, 확신이 없을 때 가장 강렬해지는 감정이었다. 같은 단어로 불렸지만 구조가 달랐고, 방향이 달랐으며 작동 방식이 달랐다. 테노브는 1979년 저서 『Love and Limerence』에서 이 두 번째 감정에 이름을 붙였다.

"리머런스는 상대방의 감정적 반응에 대한 강박적 필요를 동반하는, 비자발적으로 발생하는 인지적·감정적 상태다."

—『Love and Limerence』

자가 진단: 사랑인가, 리머런스인가

테노브가 500명의 인터뷰에서 추출한 공통 패턴이다. 읽으면서 해당되는 것에 체크해보라. 지금 끌리는 사람이 없다면, 가장 최근에 강하게 빠졌던 사람을 떠올리면 된다. 상대에 대한 생각이 침입한다. 멈추려 해도 안 된다. 일하는 중에, 샤워하는 중에, 자려고 눈을 감은 순간에. 의지와 무관하게 자동으로 떠오른다.

상대의 모든 것이 특별하게 보인다. 말투, 손동작, 고개를 갸웃하는 방식. 평소라면 지나쳤을 것들이 선명하게 각인된다. 상대가 입었던 옷의 색깔, 커피를 마시던 각도까지 기억난다. 감정의 주도권이 내게 없다. 답장이 빠르면 그날이 좋다. 늦으면 불안하다. 읽씹이면 무너진다. 하루의 기분이 상대의 반응 하나에 매달려 있다.

사소한 행동을 신호로 해석한다. "먼저 말을 걸어왔어." "눈이 마주쳤어." "내 농담에 웃어줬어." 아무것도 아닌 것들이 거대한 의미를 갖는다. 반대로 "인사만 하고 지나갔어"가 거대한 거절이 된다.

고백이 불가능하게 느껴진다. 상대가 나를 원하지 않는다는 것이 확인되면, 이 감정이 산산조각 날 것 같다. 그래서 모호함 속에 머문다. 확인하느니 차라리 모르는 게 낫다. 상대의 마음속에서 중요한 자리를 차지해야 한다. 단순히 함께 있고 싶은 게 아니다. 상대의 세계에서 내가 특별한 존재여야 한다. 대체 가능한 사람이면 안 된다.

몇 개가 해당됐는가. 솔직하게 세어보라. 3개 이상이면 당신이 경험한 것은 사랑이 아니라 리머런스였을 가능성이 높다. 불편할 수 있다. 하지만 이름을 모르면 다룰 수 없다.

위의 체크리스트를 한 번 더 읽되, 이번에는 방향을 바꿔서 읽어보라. "상대가 잘 되기를 바랐는가, 아니면 상대가 나를 원해주기를 바랐는가." 이 하나의 질문이 사랑과 리머런스를 가른다.

스크린에 사랑을 쏘는 사람들

리머런스에서 가장 불편한 진실이 있다. 상대가 실제로 존재하지 않는다는 것이다. 정확히 말하면 이렇다. 상대의 조각들은 있다. 목소리, 웃는 방식, 보낸 문장 몇 개. 하지만 그 조각들 사이의 공백이 엄청나게 넓다. 그리고 그 공백을 내가 채운다. 내가 원하는 방향으로. 영화관을 떠올려보라. 스크린은 하얀 천에 불과하다. 거기에 빔 프로젝터가 영상을 쏜다. 스크린이 아름다운 게 아니라, 내가 쏜 영상이 아름다운 것이다. 리머런스에서 상대는 스크린이다. 내 기대와 욕망과 환상이 빔 프로젝터다. 나는 상대를 사랑하는 게 아니라, 상대에게 투사한 나의 이미지를 사랑하고 있다.

그래서 리머런스는 불확실할 때 가장 강하다. 상대를 잘 모를수록 스크린이 넓다. 빈 공간이 많을수록 내 환상이 들어갈 자리가 많다. 반대로 상대를 알아갈수록 스크린에 금이 간다. 실제 인간이 보이기 시작하면 내가 투사한 이미지와 충돌한다. "이 사람이 왜 이래?"가 아니다. 상대는 처음부터 그랬다. 내가 보지 않았을 뿐이다.

한번 떠올려보라. 누군가에게 강하게 끌렸다가, 막상 사귀고 나니 급격히 식은 경험. 매일 생각났던 사람이 3개월 뒤에는 "왜 저 사람을 그렇게 좋아했지?" 싶어진 경험. 상대가 변한 게 아니다. 스크린이 걷힌 것이다. 당신이 만든 이미지가 벗겨지고, 그 아래 있던 실제 인간이 드러난 것이다.

사랑은 그 금이 간 스크린 너머에서 시작된다. 결점이 보이고, 약함이 보이고, 내가 기대했던 것과 다른 부분이 선명해진 다음에도 함께 있고 싶은 마음. 이상화가 걷힌 자리에서 자라는 것. 리머런스가 "내가 만든 당신"을 향한다면, 사랑은 "있는 그대로의 당신"을 향한다.

테노브는 한 가지를 덧붙였다. 리머런스가 반드시 사랑의 반대편에 있는 것은 아니라고. 이상화가 서서히 걷히면서, 실제 인간이 드러나면서, 그래도 이 사람 곁에 있고 싶다는 마음이 남을 때, 리머런스는 사랑의 입구가 될 수 있다. 문제는 많은 관계가 그 입구에서 멈춘다는 것이다. 스크린이 걷히는 순간 감정도 함께 꺼진다. 그렇다면 그것은 처음부터 상대를 향한 감정이 아니었다.

슬롯머신의 심리학

리머런스는 불확실성을 먹고 자란다. 상대가 항상 친절하면 리머런스는 약해진다. 확인된 감정에는 집착할 이유가 없으니까. 상대가 항상 무관심하면 사라진다. 가능성이 없으면 환상도 유지되지 않으니까. 그런데 상대가 때로는 따뜻하고 때로는 차가울 때, 리머런스는 폭발한다.

당신의 핸드폰을 보라. 카톡 알림이 뜬다. 그 사람이다. 심장이 뛴다. 열어본다. "ㅋㅋ 그러게." 두 글자. 이게 뭐지? 좋다는 건지 관심 없다는 건지 알 수 없다. 5분 뒤에 또 확인한다. 답장을 뭐라고 할까 고민한다. 20분을 쓴다. 보낸다. 읽씹. 30분이 지난다. 불안해진다. 한 시간 뒤 답장이 온다. "아 밥 먹고 있었어ㅎㅎ" 안도감이 밀려온다. 이 롤러코스터가 하루 종일 반복된다.

심리학에서 이것을 간헐적 강화intermittent reinforcement라고 부른다. 슬롯머신의 원리와 같다. 항상 당첨되면 흥미가 없다. 항상 꽝이면 그만둔다. 가끔씩, 예측할 수 없는 타이밍에 당첨될 때 손을 멈출 수 없다.

감정 기복이 심한 상대에게 유독 강하게 끌리는 이유가 여기 있다. 관심을 줬다 거뒀다 하는 사람. 다정하다가 갑자기 차가워지는 사람. 그 사람 앞에서 느끼는 강렬함은 상대의 매력이 아니라, 불확실성이 증폭시킨 반응이다. 설렘이 아니라 불안이다. 알면서도 멈추기 어렵다. 슬롯머신이 그렇듯이.

반대로 안정적이고 일관된 사람이 "재미없어 보이는" 이유도 같은 구조다. 자판기는 중독되지 않는다. 넣으면 나온다. 예측 가능하다. 심장이 뛰지 않는다. 하지만 자판기가 나쁜 기계인가? 슬롯머신이 좋은 기계인가? 하나는 당신에게 원하는 걸 주고, 다른 하나는 당신의 돈을 가져간다.

"왜 나쁜 사람에게 더 끌릴까?" 이 질문의 전제가 틀려 있다. 나쁜 사람이어서 끌리는 게 아니다. 불확실한 사람이어서 끌리는 것이다. 그리고 그 끌림을 사랑이라고 착각하는 것이다.

과거에 유독 강하게 끌렸던 사람을 떠올려보라. 그 사람은 예측 가능한 사람이었는가, 예측 불가능한 사람이었는가. 관심이 일정하지 않았던 사람에게 더 강렬한 감정을 느꼈다면, 그것은 그 사람의 매력이 만든 감정이 아니다. 불확실성이 증폭시킨 감정이다.

상대가 사람이 아니라 리모컨이 되는 순간

리머런스의 부작용은 감정만의 문제가 아니다. 관계의 구조 자체를 바꿔놓는다. 시나리오 하나를 따라가보자. 토요일 오후, 당신은 카페에서 친구를 만나고 있다. 핸드폰을 본다. 그 사람에게서 연락이 없다. 어젯밤에 "내일 연락할게"라고 했는데. 대화에 집중이 안

된다. 친구의 말이 귀에 들어오지 않는다. 30분마다 핸드폰을 확인한다. 오후 4시, 문자가 온다. "미안 낮잠 잤어ㅎㅎ" 순간 세상이 환해진다. 친구와의 대화가 재미있어진다. 커피 맛도 좋아진다. 날씨도 좋게 느껴진다. 문자 하나가 세계 전체의 색을 바꿨다.

이것이 리머런스의 실제 작동 방식이다. 상대는 당신의 감정 상태를 결정하는 리모컨이 된다. 답장이 오면 재생, 안 오면 정지, 읽씹이면 고장. 당신의 하루가 상대의 반응에 달려 있다.

상대 입장에서 보면 이렇다. 자기는 그냥 낮잠을 잔 것이다. 그런데 상대방의 하루 전체를 좌우했다는 걸 모른다. 자기의 사소한 행동 하나하나가 누군가에게는 판결문이 되고 있다는 걸 모른다. 그저 관계가 이상하게 무겁고, 상대가 왜 그렇게 예민한지 이해할 수 없다. 사랑받고 있는 게 아니라 감시당하고 있는 느낌. 그런데 그것을 말하면, 리머런스에 빠진 쪽은 이렇게 해석한다. "나를 사랑하지 않는 거구나." 사랑은 상대에게 관심을 갖는 것이다. 리머런스는 상대의 관심에 관심을 갖는 것이다. 방향이 정반대다.

리머런스가 끝날 때 시작되는 것

———

테노브의 연구에서 리머런스는 대체로 18개월에서 3년 사이에 약해졌다. 예외는 있었지만, 공통점이 하나 있었다. 상대와 가까워질수록 리머런스는 힘을 잃었다. 이상화가 걷히고, 실제 인간이 보이기 시작한다. 장점도 보이고 단점도 보인다. 그 사람의 두려움, 약함, 모순이 보인다. 스크린 없이, 빔 프로젝터 없이, 있는 그대로의 사람이 거기 서 있다. 그것을 보고 나서도 함께 있고 싶다면, 그때부터 사랑이다.

반대로 리머런스가 사라졌을 때 "이 사람을 왜 좋아했지?"라는 질문만 남는다면, 그 관계는 처음부터 사랑이 아니었다. 내가 만든 이미지를 사랑한 것이시, 이 시람을 사랑한 게 아니었다. 아프지만 알아야 한다. 알아야 다음에 다른 선택을 할 수 있다.

이름을 아는 자의 사랑

이름은 힘을 가진다. "요즘 이상하게 집착하게 돼"는 막연하다. 뭔지 모르니 어떻게 해야 할지도 모른다. 그저 휩쓸린다. 하지만 "지금 내가 리머런스 상태에 있구나"라고 말하는 순간, 그 감정은 나를 집어삼키는 괴물이 아니라 이해할 수 있는, 지나갈 수 있는, 이름이 있는 심리 상태가 된다.

감정을 이해하는 것은 감정을 부정하는 게 아니다. 지금 이 감정이 얼마나 강렬하든 그것은 실재하는 경험이다. 하지만 그것이 무엇인지 알면, 끌려가지 않을 수 있다. 이름을 알면 선택할 수 있다. 이 감정을 따라갈지, 거리를 둘지, 아니면 이것이 사랑으로 건너갈 수 있는 조건이 있는지.

사랑을 느끼는 것만으로는 충분하지 않다. 자신이 무엇을 느끼는지 알아야 한다. 그것이 리머런스인지, 사랑인지, 아니면 둘 다인지. 테노브가 이 책의 첫 장인 이유가 여기 있다. 사랑에 대한 모든 탐구는 하나의 질문에서 시작된다. 지금 내가 느끼는 이것은, 대체 무엇인가.

INSIGHT

마지막으로 한 가지만 해보라. 지금 또는 과거에 가장 강렬했던 관계를 떠올리고, 두 문장을 써보라. "내가 그 사람에 대해 확실히 아는 것"과 "내가 그 사람에 대해 상상했던 것." 두 번째 문장이 첫 번째보다 길다면, 당신이 사랑한 것은 그 사람이 아니라 당신이 만든 그 사람이었다.

테노브 더 읽기

- 『Love and Limerence』 리머런스 개념의 원전. 영어 원서로만 읽을 수 있다. 난이도 ★★☆☆☆

Dorothy
Tennov

쇼펜하우어의 연애론

네 사랑은 유전자가 쓴 각본이다

02

Arthur Schopenhauer

쇼펜하우어의 철학을 안다는 것은 '삶에의 의지'라는 개념을 외우는 게 아니다. "왜 하필 이 사람이지?"라는 질문 앞에서, 운명이라는 단어 대신 구조를 보는 것이다. 그리고 그 구조의 목적이 당신의 행복이 아니라는 사실을 견디는 것이다.

눈이 갔다

처음 본 날을 기억한다. 특별한 자리가 아니었다. 회의실이었다. 혹은 엘리베이터 안이었다. 혹은 친구의 생일 파티에서였다. 어디든 상관없다. 중요한 건 그 순간이 있었다는 것이다. 눈이 갔다. 특별히 외모가 뛰어난 것도 아니었다. 그런데 눈이 갔다. 말을 나눴다. 목소리가 귀에 남았다. 손짓 하나가 기억에 박혔다. 헤어지고 나서도 생각이 났다. 왜 이 사람이 생각나지, 스스로도 이유를 몰랐다. 다음에 또 만났다. 심장이 빨라졌다. 이번엔 확신이 생겼다. 이 감정이 뭔지 안다. 오래 느껴보지 못한 것이었다. 그러고서 고민이 시작됐다. 말을 걸까. 연락처를 물어볼까. 먼저 다가갈까. 수십 번 장면을 머릿속에서 리허설했다. 결국 용기를 냈다. 그리고 거절당했다. 혹은 아직 말을 걸지 못했다. 혹은 사귀다가 헤어졌다. 어느 쪽이든 지금 이 질문이 남아 있다. 왜 하필 그 사람이었는가.

쇼펜하우어는 이 질문에 답을 가지고 있다. 하지만 그 답을 듣고 나면, 차라리 모르는 편이 나았을 거라고 생각할 수 있다. 쇼펜하우어라면 이렇게 말했을 것이다. 당신이 그 사람을 선택한 것이 아니다. 당신 안의 무언가가 그 사람을 골랐다. 그리고 그 무언가의 목적은 당신의 행복이 아니다.

강의실에 아무도 오지 않았던 철학자

아르투어 쇼펜하우어Arthur Schopenhauer는 서른 살에 주저 『의지와 표상으로서의 세계』를 완성했다. 자신만만했다. 이 책이 세계를 바꿀 거라고 믿었다. 아무도 읽지 않았다.

같은 시기 베를린 대학교에서 헤겔이 강의실을 가득 채우는 동안, 쇼펜하우어의 강의에는 학생이 서너 명이었다. 그는 일부러 헤겔과 같은 시간에 강의를 열었다. 학생들이 누구를 선택하는지 보고 싶었던 것이다. 결과는 참담했다. 결국 강의를 포기했다. 그 뒤 30년 가까이 무명이었다.

하지만 말년에 바람이 불었다. 니체가 그를 읽었다. 프로이트가 그에게 빚졌다. 톨스토이가 영향을 받았다. 바그너가 그의 철학에서 오페라의 영감을 얻었다. 세상이 쇼펜하우어를 따라잡는 데 30년이 걸린 것이다.

쇼펜하우어는 인간이 이성적 존재라는 계몽주의의 낙관론을 믿지 않았다. 인간의 행동 뒤에는 이성이 아니라 맹목적인 의지Wille가 있다고 봤다. 그 의지에는 합리적 목적이 없다. 당신의 행복을 위해 작동하지 않는다. 그냥 존재하고, 지속하고, 번식하려 한다. 쇼펜하우어는 이것을 삶에의 의지Wille zum Leben라고 불렀다.

그리고 사랑은 이 의지가 인간에게 놓은 가장 정교한 함정이라고 봤다.

사랑이라는 이름의 사기

1844년, 쇼펜하우어는 『의지와 표상으로서의 세계』 2권에 「사랑의 형이상학」이라는 챕터를 넣었다. 철학서에 연애론이 들어간 것은 당시로서는 파격이었다. 첫 문장부터 도발적이다.

> "모든 종류의 사랑은, 아무리 숭고하게 보일지라도, 그 뿌리는 오직 성적 충동에 있다."
>
> —『의지와 표상으로서의 세계』

거칠어 보이지만 그의 논리는 정교하다. 의지에게 중요한 것은 종의 지속이다. 개체는 수단이다. 하지만 인간은 자기 행복을 추구한다. 종의 지속 따위에는 관심이 없다. 그래서 의지는 속임수를 쓴다. 종에게만 유익한 것이 개체에게도 유익하게 느껴지도록. 특정한 상대가 세상에서 가장 특별하게 보이도록. 그 사람 없이는 살 수 없을 것처럼. 이것이 사랑이라는 감정이 하는 일이다. 당신은 그것을 자유의지로 느끼지만, 실제로는 당신 안의 의지가 다음 세대를 위해 상대를 고른 것이다.

한번 떠올려보라. 당신이 누군가에게 강하게 끌렸을 때, 그것은 '결정'이었는가? 아침에 일어나서 "오늘부터 저 사람을 좋아해야지"라고 정한 적이 있는가? 없다. 끌림은 당신이 선택한 게 아니다. 어느 순간 이미 시작되어 있었다. 당신은 뒤늦게 그것을 알아챈 것뿐이다. 쇼펜하우어는 묻는다. 당신이 선택하지 않은 감정을, 당신의 것이라고 부를 수 있는가?

끌림은 계산이다

———

쇼펜하우어가 가장 공을 들인 질문이 있다. 왜 수많은 사람 중에 하필 그 사람인가. 낭만주의자들은 말한다. 운명이라고. 영혼이 통했다고. 처음 봤을 때부터 알았다고. 쇼펜하우어는 동의하지 않는다. 끌림은 운명이 아니라 계산이다. 무의식적 선별 과정이다. 의지가 당신 안에서 상대를 평가한 결과다. 무엇을 계산하는가. 유전적 보완성이다.

여기서 한번 실험을 해보자. 지금까지 당신이 끌렸던 사람들을 세 명만 떠올려보라. 외모, 체형, 성격, 분위기. 떠올렸으면, 공통점을 찾아보라. 있을 것이다. 반드시 있다. 키가 큰 사람에게만 끌렸거나, 조용한 사람에게만 끌렸거나, 날카로운 인상에 유독 약했거나. 당신은 그것을 '취향'이라고 부른다. 쇼펜하우어는 그것을 '종의 의지가 작성한 명세서'라고 부른다.

당신의 약점을 상쇄할 수 있는 특성을 가진 상대를 찾는 것. 키가 작은 사람이 키 큰 상대에게 끌리는 경향. 마른 체형이 통통한 상대에게 끌리는 경향. 내성적인 사람이 외향적인 상대에게 끌리는 경향. 이것이 무작위가 아니라는 것이다. 더 균형 잡힌 다음 세대를 위한 최적화다.

당신이 그 사람의 눈빛에 빠진 것. 목소리에 심장이 뛴 것. 처음 봤는데 오래 알던 사람 같았던 것. 쇼펜하우어에 따르면 그것은 종의 의지가 상대를 심사한 결과다. 당신은 그것을 운명으로 경험한다.

"자연은 개체에게 일종의 환상을 심어놓는 방식으로 목적을 달성한다. 실제로는 종에게만 유익한 것이 개체 자신에게도 유익한 것처럼 느껴지도록. 이 환상이 바로 본능이다."

—『의지와 표상으로서의 세계』

"느낌이 좋다"의 정체

쇼펜하우어는 「사랑의 형이상학」에서 우리가 상대에게 끌릴 때 무의식이 읽어내는 항목들을 열거했다. 하나씩 보면서, 자신의 끌림 패턴과 대조해보라.

나이

쇼펜하우어에 따르면 끌림에는 연령대의 편향이 있다. 생식력이 높은 시기의 상대에게 더 강하게 반응한다. 당신이 "성숙해 보이는 사람이 좋다"거나 "어려 보이는 사람이 끌린다"고 말할 때, 그 취향의 뿌리에는 본능이 있다.

건강의 신호들

피부 상태, 체형의 균형, 전체적인 인상. 우리가 "인상이 좋다"고 말할 때 실제로 읽고 있는 것은 건강 지표다. 쇼펜하우어는 인간이 이 신호를 읽는 능력을 태어날 때부터 갖고 있다고 봤다. 의식하지 못할 뿐이다.

보완성

자신에게 부족한 것을 가진 상대에게 끌린다. 이것은 결핍을 채우려는 심리가 아니다. 더 균형 잡힌 자손을 위한 자연의 계산이다. 기질도 마찬가지다. 성격이 반대인 사람끼리 끌린다. 자신의 치우침을 상대가 교정하고, 그 사이에서 균형 잡힌 다음 세대가 나온다.

이 목록을 읽으면서 불쾌한 사람이 있을 것이다. 내 감정을 이렇게 분해해도 되냐고. 하지만 쇼펜하우어가 주는 건 모욕이 아니라 지도다. 모르는 채로 끌려다니는 것과, 알면서 선택하는 것은 완전히 다르다.

마법이 풀리는 순간

———

쇼펜하우어의 논리를 끝까지 따라가면, 사랑이 식는 이유도 설명된다. 이런 경험이 있을 것이다. 사귄 지 1년쯤 됐다. 초반의 설렘은 어디 갔는지 모르겠다. 상대가 달라진 것 같지는 않은데, 가슴이 뛰지 않는다. 함께 있어도 심심하다. 예전에는 상대의 사소한 습관이 귀여웠는데, 지금은 거슬린다. 뭐가 달라졌을까? 쇼펜하우어의 답은 냉정하다. 아무것도 달라지지 않았다. 종의 의지가 목적을 달성했거나, 이 조합에서 더 이상 얻을 것이 없다고 판단한 것이다. 임무가 끝났으니 마법을 거둔 것이다. 남은 것은 마법 없이 마주하는 실제 두 인간이다.

"결혼 후에 오는 환멸은, 연애 중에 종의 의지가 개체를 완전히 지배했기 때문이다. 목적이 달성되자 개체는 다시 자신의 의지로 돌아온다."

—『의지와 표상으로서의 세계』

사랑이 식었다는 말의 다른 표현은, 이제 당신이 종의 의지의 도구가 아니라 당신 자신으로 돌아왔다는 말이다. 마법이 걷혔다는 건 실패가 아니다. 각본이 끝났다는 뜻이다. 그 다음부터가 당신이 쓰는 이야기다.

실연이 밥을 못 먹을 만큼 아픈 이유

헤어진 뒤에 이런 경험을 한 적 있을 것이다. 밥이 넘어가지 않는다. 잠을 못 잔다. 아무것도 손에 잡히지 않는다. 출근길에 이어폰을 꽂고 아무 노래나 튼다. 가사가 전부 그 사람 이야기 같다. 주변에서 말한다. "사람 하나 잃은 건데 왜 그래." 맞는 말이다. 하지만 위로가 되지 않는다. 과하다는 걸 알면서도 멈출 수가 없다. 쇼펜하우어는 이 고통의 크기를 설명한다. 실연이 비이성적으로 아픈 이유는, 상처받은 것이 개인의 감정만이 아니기 때문이다. 종의 의지가 좌절된 것이다. 당신보다 훨씬 크고 오래된 무언가가 차단됐다. 그래서 몸 전체가 반응한다.

현대 신경과학도 이것을 확인했다. 뇌는 실연을 신체적 고통과 같은 경로로 처리한다. 실연은 비유적으로 아픈 게 아니다. 진짜로 아프다. 가슴이 아프다는 표현이 은유가 아닌 것이다. 잊히지 않는 사람이 있다. 수년이 지나도, 다른 관계를 만들어도, 여전히 그 사람이 떠오른다. 쇼펜하우어식으로 읽으면, 의지가 그 상대를 최적의

짝으로 판단했고 아직 그 판단을 거두지 않은 것이다. 잊으려 해도 잊히지 않는 것은 의지력의 문제가 아니다. 당신보다 오래된 프로그램이 아직 실행 중인 것이다.

"사랑에서 거절당한 고통은 다른 어떤 고통보다 크다. 왜냐하면 그것은 단순한 개인적 불행이 아니라, 종 전체의 의지가 좌절된 것이기 때문이다."

─『의지와 표상으로서의 세계』

사랑이 식었다는 느낌이 들 때, 먼저 물어보라. 마법이 걷힌 자리에 무엇이 남아 있는가. 설렘 없이도 이 사람 곁에 있고 싶은가. 아무것도 남지 않았다면, 처음부터 마법만 있었던 것이다. 무언가 남아 있다면, 그것이 진짜다.

각본을 읽은 자의 사랑

쇼펜하우어를 읽고 나면 질문이 생긴다. 그렇다면 사랑은 전부 환상인가. 진짜 사랑은 없는 건가. 한 가지를 짚어야 한다. 사랑의 형이상학을 쓴 쇼펜하우어 본인은 평생 결혼하지 않았다. 여성에게 끌렸고, 약 10년간 깊은 관계를 유지한 상대도 있었지만, 안정적 결합에는 이르지 못했다. 사랑을 가장 날카롭게 해부한 사람이, 그 구조를 알면서도 사랑 안에 머무르지 못했다. 이것은 그의 이론을 무너뜨리는가? 아니다. 오히려 의지가 얼마나 강력한지를 보여준다. 구조를 안다고 해서 구조에서 자유로워지는 것은 아니다. 하지만 우리는 쇼펜하우어보다 한 걸음 더 갈 수 있다. 당신은 내일 아침 누군가를 떠올릴 것이다. 처음의 심장 뛰던 감각은 이미 옅어졌을 수 있다. 혹은 아직 그 사람과 시작도 하지 못했을 수 있다. 어느 쪽이든 쇼펜하우어의 말대로, 그 감정의 상당 부분은 자연이 건 마법이다.

하지만 이제 당신은 그것을 안다. 마법의 정체를 아는 사람은 마법에 끌려가지 않는다. 각본의 구조를 읽은 사람은 각본대로만 살지 않는다. 그리고 마법이 걷힌 자리에서 무언가 남아 있다면, 그것은 종의 의지가 아니라 당신의 의지다. 각본이 끝난 다음에도 그 사람 곁에 있기로 하는 선택. 그 선택이 사랑의 다른 이름일 수 있다.

쇼펜하우어 더 읽기

- 『의지와 표상으로서의 세계』 세계의 본질은 이성이 아니라 맹목적 의지다 난이도 ★★★★☆
- 『쇼펜하우어의 행복론과 인생론』 쇼펜하우어의 핵심 사상을 압축한 입문서 난이도 ★★☆☆☆

Arthur
Schopenhauer

프롬의
사랑의 기술

사랑에 빠지는 것과 사랑 안에 서 있는 것은 다르다

03

Erich Fromm

프롬의 심리학을 안다는 것은 '사랑의 네 가지 요소'를 외우는 게 아니다. "왜 나는 항상 같은 지점에서 관계가 무너지는가"라는 질문 앞에서, 상대를 바꿀 생각을 멈추고 자신의 기술을 점검하는 것이다. 사랑에 빠지는 것은 누구나 한다. 사랑하는 것은 배워야 한다.

왜 나는 항상 같은 곳에서 실패하는가

또 끝났다. 처음 몇 달은 항상 좋았다. 설레고, 보고 싶고, 그 사람 생각만 했다. 잘될 것 같았다. 이번엔 다를 것 같았다. 그런데 어느 순간부터 달라졌다. 작은 것에 상처받기 시작했다. 기대만큼 돌아오지 않는다는 느낌이 쌓였다. 처음엔 참았다. 나중엔 말했다. 싸웠다. 풀었다. 또 싸웠다. 지쳤다. 끝났다. 헤어지고 나서 복기한다. 어디서 잘못된 걸까. 상대가 나빴던 건 아니었다. 나도 나쁜 사람이 아니다. 둘 다 노력했다. 그런데 왜 또 여기까지 왔을까.

더 불편한 질문이 온다. 지난번에도 이랬다. 그전에도 이랬다. 상대는 매번 달랐다. 그런데 결말은 비슷했다. 어느 순간 멀어지고, 쌓이고, 지치고, 끝났다. 상대가 문제인가. 나에게 문제가 있는 건가. 아니면 이것이 그냥 사랑의 방식인가. 여기서 대부분의 사람들이 내리는 결론이 있다. 아직 맞는 사람을 못 만난 것이라고. 다음엔 더 잘 맞는 사람을 만나면 달라질 것이라고.

에리히 프롬은 이 결론이 틀렸다고 말한다. 문제는 상대가 아니다. 당신은 사랑에 빠지는 법은 알지만, 사랑하는 법을 배운 적이 없다.

사랑을 가르치겠다고 나선 남자

에리히 프롬^{Erich Fromm}이 1956년 『사랑의 기술』을 출판했을 때, 주변의 반응은 냉담했다. 철학자가, 심리학자가, 사랑을 "가르칠 수 있다"고? 사랑은 느끼는 거지 배우는 게 아니잖아. 책은 얇았다. 200페이지도 안 됐다. 하지만 이 얇은 책이 전 세계에서 수백만 부가 팔렸다. 프롬이 던진 첫 번째 질문이 너무 정확했기 때문이다.

> "사랑에 관한 문제를 사람들은 주로 '사랑받는 것'의 문제로 생각하지, '사랑하는 것'의 문제로 생각하지 않는다."
>
> —『사랑의 기술』

한번 생각해보라. 당신이 사랑에 대해 고민할 때, 뭘 고민하는가. 대부분 이렇다. 어떻게 하면 더 매력적으로 보일까. 어떻게 하면 좋은 사람을 만날까. 어떻게 하면 상대가 나를 좋아하게 만들까. 전부 '사랑받는 것'에 대한 고민이다. '사랑하는 것'에 대해 고민한 적이 있는가? 나는 상대를 잘 사랑하고 있는가? 나의 사랑하는 방식에 문제가 있지는 않은가? 이 질문을 해본 사람은 드물다.

프롬은 이 출발점 자체가 틀렸다고 말한다. 사랑은 찾는 문제가 아니라 할 줄 아느냐의 문제다.

피아노를 배운 적 없는 사람이 피아노를 치려 한다

프롬의 핵심 주장은 하나다. 사랑은 감정이 아니라 기술^{art}이다. 이 말이 차갑게 들릴 수 있다. 사랑이 기술이라니. 사랑은 가슴으로 하는 거 아닌가. 프롬은 비유를 든다. 피아노를 생각해보라. 누군가 피아노를 치고 싶다고 한다. 악보를 읽을 줄 모른다. 연습한 적 없다. 그냥 건반 앞에 앉아서 감정을 담아 누른다. 아름다운 소리가 나올까? 안 난다. 외과 의사가 되고 싶은 사람이 해부학을 공부하지 않고 메스를 잡으면 어떻게 되는가. 환자가 다친다.

그런데 우리는 사랑에 대해서만 이상하게 생각한다. 배우지 않아도 된다고. 감정만 있으면 된다고. 맞는 사람만 만나면 자연스럽게 된다고. 안 된다. 프롬은 단호하다. 기술에는 두 가지가 필요하다. 이론적 지식과 실천적 숙련. 피아노를 치려면 악보를 읽을 줄 알아야 하고, 수천 시간 연습해야 한다. 사랑도 마찬가지다. 사랑이 무엇인지 알아야 하고, 매일 연습해야 한다. 그런데 우리가 사랑을 기술로 대하지 않는 이유가 있다. 프롬은 두 가지를 짚는다.

첫째, 사랑을 능력의 문제가 아니라 대상의 문제로 본다.

"사랑을 못 하는 게 아니라 맞는 사람을 못 만난 것"이라고 생각한다. 그래서 상대를 바꾸면 해결된다고 믿는다. 피아노를 못 치는 사람이 "이 피아노가 안 좋아서 그래"라며 피아노를 바꾸는 것과 같다. 피아노를 바꿔도 손가락이 안 움직이면 소용없다.

둘째, 사랑에 빠지는 경험과 사랑하는 상태를 혼동한다.

처음의 강렬한 감정, 두근거림, 설렘. 그것이 사랑이라고 배웠다. 그 감정이 사라지면 사랑이 끝났다고 판단한다. 프롬은 말한다. 그 것은 사랑이 아니었다. 사랑의 착각이었다.

빠지는 것과 서 있는 것

———

프롬의 구별을 한마디로 압축하면 이렇다. 사랑에 빠지는 것falling in love과 사랑 안에 서 있는 것standing in love은 다르다. 빠지는 것은 떨어지는 것이다. 서 있는 것은 버티는 것이다. 사랑에 빠지는 것은 일어나는 일이다. 의지와 상관없이 시작된다. 강렬하고, 압도적이고, 저항할 수 없다. 두 사람 사이의 벽이 갑자기 무너지는 경험. 외로웠던 자아가 갑자기 연결되는 느낌. 프롬은 이것을 삶에서 가장 황홀한 경험 중 하나라고 인정했다.

하지만 이 황홀경은 구조적으로 오래갈 수 없다. 벽이 무너진 상태에 익숙해지면 더 이상 흥분이 없다. 상대를 알게 될수록 새로움이 줄어든다. 그때 많은 사람들이 결론을 내린다. 사랑이 끝났다고. 프롬은 말한다. 아직 시작도 안 했다고.

"사랑에 빠지는 경험의 강렬함은 그들이 이전에 얼마나 외로웠
는지를 증명할 뿐이다."

—『사랑의 기술』

이 문장을 천천히 읽어보라. 사랑에 빠질 때의 강렬함이 상대의
특별함을 증명하는 게 아니라, 내 외로움의 크기를 증명한다는 것이
다. 외로울수록 더 강렬하게 빠진다. 그것을 사랑의 깊이로 착각한
다. 하지만 외로움이 해소되면 강렬함도 사라진다. 그래서 "사랑이
식었다"고 느끼는 것이다. 식은 게 아니다. 외로움이 채워졌을 뿐이
다. 사랑에 빠지는 것은 외로움의 해소다. 사랑하는 것은 그 이후에
시작되는, 의지적이고 능동적인 행위다.

"사랑은 결정이고, 판단이며, 약속이다. 만약 사랑이 감정에 불
과하다면, 영원히 사랑하겠다는 약속의 근거가 없다."

—『사랑의 기술』

INSIGHT

지금까지 끝난 관계들을 떠올려보라. 감정이 식어서 끝났는가, 아니면 감정이 식은
뒤 아무것도 하지 않아서 끝났는가. 대부분의 경우 후자다. 감정은 연료가 아니라 시
동이다. 시동이 꺼졌다고 차를 버리는 사람은 없다.

사랑의 네 가지 요소

프롬은 성숙한 사랑을 구성하는 네 가지 요소를 제시했다. 이것이 그가 말하는 사랑의 이론적 기초다. 보살핌^{Care} 상대의 성장과 행복에 관심을 갖는 것이다. 프롬은 간단한 예를 든다. 어떤 사람이 꽃을 사랑한다고 말하면서 물을 주지 않는다면, 그것을 사랑이라 부를 수 있는가. 없다. 사랑에는 돌봄이 있어야 한다. 말이 아니라 행동으로.

한번 점검해보라. 당신이 상대에게 "사랑해"라고 마지막으로 말한 게 언제인가. 그리고 상대를 위해 마지막으로 뭔가를 '한' 게 언제인가. 두 번째 답이 첫 번째보다 훨씬 오래됐다면, 프롬은 그것을 사랑이라 부르지 않을 것이다.

책임감^{Responsibility}

상대가 필요로 하는 것에 응답하는 능력이다. 프롬이 강조한 것은, 이 책임이 의무가 아니라 자발적인 응답이어야 한다는 점이다. 상대가 힘들 때 "내가 뭘 해줄까"가 의무에서 나오는가, 내면에서 자연스럽게 나오는가. 그 차이가 책임감과 의무감을 가른다.

존중^{Respect}

상대를 있는 그대로 보는 것이다. 내가 원하는 방향으로 바꾸려

하지 않는 것.

> "존중은 두려움이나 경외가 아니다. 존중은 상대방이 그 자신의
> 방식으로 성장하고 발전하기를 바라는 것이다. 나를 위해서가
> 아니라, 그 사람 자신을 위해서."
>
> ─ 『사랑의 기술』

존중이 없는 사랑이 어떻게 보이는지 떠올려보라. "나를 사랑하면 이 정도는 해줄 수 있잖아." "그건 네가 못 할 거야, 내가 더 잘 알아." "왜 그런 사람을 만나, 내가 보기엔 별로야." 상대를 위한다는 이름으로 상대의 선택을 부정하고, 상대의 방향을 내 방향으로 끌어당긴다. 프롬은 이것을 사랑이 아니라 지배욕의 다른 이름이라고 봤다. 진짜 존중은 상대가 나와 다른 방향으로 성장할 때도 그것을 받아들이는 것이다.

앎Knowledge

상대를 진짜로 아는 것이다. 표면이 아니라 내면을. 그 사람의 두려움, 욕구, 상처. 프롬은 앎 없이는 진정한 보살핌도 존중도 불가능하다고 봤다.

여기서 프롬이 한 가지를 더 짚는다. 진짜 앎은 상대가 말로 표현

하지 못하는 것까지 이해하려는 것이다. 사람은 자기 감정을 정확히 말로 꺼내지 못하는 경우가 많다. 화가 났다고 말하지만 실제로는 두려운 것일 수 있다. 무관심한 척하지만 실제로는 깊이 상처받은 것일 수 있다. "왜 화났어?"라고 물어서 "화 안 났어"라는 답을 듣고 끝내는 것은 앎이 아니다. 그 아래에 뭐가 있는지 궁금해하는 것이 앎이다.

이 네 가지는 따로 작동하지 않는다. 하나가 빠지면 나머지가 변질된다. 앎 없는 보살핌은 집착이 된다. 존중 없는 책임은 통제가 된다. 책임 없는 존중은 무관심이 된다. 보살핌 없는 앎은 냉정한 관찰에 그친다.

지금 관계에서 네 가지를 하나씩 점검해보라. 나는 상대를 실제로 돌보고 있는가. 상대의 필요에 자발적으로 응답하는가. 상대를 내 방식대로 바꾸려 하지 않는가. 상대의 내면을 진짜로 알려 하는가. 가장 약한 고리가 보인다면, 그것이 관계에서 반복되는 문제의 원인일 가능성이 높다.

자기 자신을 사랑하지 못하는 사람의 사랑법

프롬은 여기서 방향을 한 번 꺾는다. 타인을 사랑하기 전에, 자기 자신을 사랑할 수 있는가. 이 말이 자기계발서처럼 들릴 수 있다. "나를 먼저 사랑하세요." 프롬이 말하는 자기애self-love는 그것과 다르다.

더 나은 나를 만들라는 게 아니다. 지금의 나를 있는 그대로 보고, 나의 성장에 관심을 갖는 것이다. 그리고 이것은 이기심selfishness과 정반대다. 이기적인 사람은 자기를 너무 사랑하는 사람이 아니다. 자기를 사랑하지 못하는 사람이다. 자신에 대한 깊은 불안과 공허함이 있기 때문에, 끊임없이 바깥에서 채우려 한다. 인정으로, 소유로, 통제로. 채워지지 않으니 더 많이 가져가려 한다. 이것이 이기심의 구조다.

자기를 있는 그대로 받아들일 수 있는 사람은, 바깥에서 채울 필요가 없다. 그래서 타인에게 줄 수 있다. 자신에게 줄 수 없는 것을 상대에게 줄 수는 없다.

"나 자신에 대한 나의 사랑과 다른 인간에 대한 나의 사랑은 분리되어 있지 않다."

—『사랑의 기술』

사랑이라는 이름의 다른 것들

———

자기 자신을 사랑하지 못할 때, 사랑은 다른 형태로 변질된다. 프롬이 짚어낸 것들이다. 읽으면서 낯익은 게 있는지 확인해보라.

의존적 사랑

혼자 있는 것이 두렵다. 그 두려움에서 벗어나기 위해 상대에게 매달린다. 상대가 없으면 불안하고, 있으면 안심한다. 이것을 사랑이라고 부른다. 프롬은 말한다. 그것은 사랑이 아니라 두려움의 해소다. 그래서 이런 관계에서는 상대가 '누구'인지보다 상대가 '있는지'가 더 중요하다. 옆에 사람이 있느냐 없느냐만 중요한 것이다.

우상숭배적 사랑

상대를 완벽한 존재로 떠받든다. 모든 것을 그 사람에게 의탁한다. 나의 의미, 가치, 행복이 전부 상대에게 달려 있다. 상대가 실수하거나 기대를 저버리면 세계가 무너진다. 상대를 사랑한 게 아니라, 상대에게 투영한 환상을 사랑했기 때문이다.

감상적 사랑

실제 관계에서는 아무것도 하지 않으면서, 상상 속에서만 강렬하게 사랑한다. 드라마 속 사랑에 눈물 흘리지만, 옆에 있는 사람에게는 무심하다. 비용이 들지 않는 사랑. 책임이 없는 사랑. 안전한 거리에서만 작동하는 사랑.

세 가지의 공통점이 있다. 상대가 아니라 자신의 필요를 채우는 것이다. 사랑처럼 느껴지지만, 상대는 그 필요를 채워주는 도구다.

"미성숙한 사랑은 말한다. '나는 당신이 필요하기 때문에 당신을 사랑한다.' 성숙한 사랑은 말한다. '나는 당신을 사랑하기 때문에 당신이 필요하다.'"

―『사랑의 기술』

이 두 문장의 차이를 보라. 순서가 뒤집혀 있다. 미성숙한 사랑은 필요가 먼저고 사랑이 뒤따른다. 필요가 사라지면 사랑도 사라진다. 성숙한 사랑은 사랑이 먼저고 필요가 뒤따른다. 사랑이 있기 때문에 상대가 필요한 것이다. 같은 단어들인데, 순서만 바뀌었을 뿐인데, 완전히 다른 관계가 된다.

사랑은 연습이다

그렇다면 어떻게 하는가. 프롬의 답은 단순하다. 연습하라.

훈련

스스로 세운 리듬을 지키는 것이다. 프롬이 말하는 훈련은 군대식 규율이 아니다. 쉬운 자극에 끌려다니지 않는 능력이다. 그만해야지 하면서도 핸드폰을 놓지 못하고 두 시간을 보내는 사람이, 상대의 말에 집중할 수 있을까.

집중

상대가 말하고 있다. 당신은 듣고 있는가, 아니면 상대의 말이 끝나기를 기다리면서 할 말을 준비하고 있는가. 프롬은 이것을 명상에 비유했다. 상대에게 온전히 집중하는 10분이, 함께 있지만 각자인 3시간보다 사랑에 가깝다.

인내

상대가 변하기를, 관계가 나아지기를 조급하게 원하지 않는 것이다. 씨앗을 심고 다음 날 꽃을 기대하는 사람은 없다. 하지만 관계에서는 그렇게 한다. "왜 아직도 안 변해?" "왜 아직도 그래?" 강요하지 않고 조건을 만들어주는 것. 그것이 인내다.

객관성

지금 내가 왜 이렇게 반응했는지, 무엇이 나를 두렵게 하는지를 볼 수 있어야 한다. 사랑하는 사람일수록 자기 감정에 속기 쉽다. 상대 때문에 화가 난다고 생각하지만, 실은 자기 안의 두려움이 반응한 것일 수 있다. 자신에게 솔직하지 않은 사람은 상대에게도 솔직할 수 없다.

한 번 해서 끝나는 게 아니다. 매일 하는 것이다. 사랑은 상태가 아니라 활동이다.

"사랑은 주로 주는 것이지, 받는 것이 아니다."

— 『사랑의 기술』

가장 가까운 사람과 대화할 때, 핸드폰을 뒤집어 놓고 상대의 눈을 보라. 말이 끝나기를 기다리지 말고 말 자체를 들어라. 어색할 것이다. 어색하다는 건, 그동안 안 했다는 뜻이다.

세 번의 결혼

한 가지 사실이 있다. 프롬은 『사랑의 기술』을 쓸 당시 이미 세 번째 결혼 중이었다. 첫 번째 결혼은 정신분석가 프리다 라이히만과였다. 그녀는 프롬보다 열한 살 연상이었고, 두 사람은 이혼했다. 두 번째 결혼은 헤니 구를란트와였다. 1944년에 결혼했지만 1952년 그녀가 스스로 생을 마감하면서 끝났다. 사랑의 기술을 쓴 사람은 이별과 상실을 모두 겪은 뒤였다. 이것이 프롬의 이론을 무너뜨리는가. 오히려 반대다. 프롬은 사랑이 타고나는 재능이 아니라 배우는 기술이라고 했다. 기술은 처음부터 완성되지 않는다. 반복하고, 실패하고, 잃고, 다시 시작하면서 익힌다.

세 번째 결혼에서 프롬은 안니스 프리먼을 만났다. 두 사람은 프롬이 세상을 떠날 때까지 함께였다. 여든을 앞둔 나이에 죽음을 맞

앉을 때, 안니스가 곁에 있었다.

감정이 꺼진 자리에서 시작되는 기술

사랑은 배울 수 있다. 우리는 사랑을 완성된 상태로 상상한다. 맞는 사람을 만나면 자연스럽게 도달하는 어딘가. 하지만 프롬은 다르게 봤다. 사랑은 도달하는 곳이 아니라 매일 다시 서는 자리다. 어제 잘했다고 오늘도 잘하는 게 아니다. 어제 실패했다고 오늘 못 하는 것도 아니다. 피아노를 어제 잘 쳤다고 오늘 연습을 빼도 되는 건 아니다. 사랑도 마찬가지다. 매일 손을 얹어야 한다.

감정은 사라진다. 설렘은 식는다. 하지만 기술은 남는다. 그리고 기술이 남아 있는 자리에서, 감정이 꺼진 뒤에도 사랑은 계속될 수 있다. 빠지는 사랑은 저절로 되는 일이다. 서 있는 사랑은 당신이 하는 일이다.

프롬 더 읽기

- **『사랑의 기술』** 사랑을 기술로 접근한 고전   난이도 ★★☆☆☆
- **『소유냐 존재냐』** 소유적 사랑 vs 존재적 사랑   난이도 ★★★☆☆

Erich
Fromm

스턴버그의 삼각형

친밀감, 열정, 헌신. 셋이 동시에 타오른 적 있는가

04

Robert Sternberg

"사랑해"라고 말하는 두 사람이 같은 것을 느끼고 있으리라는 보장은 없다. 한쪽은 설렘을 말하고 있고, 다른 쪽은 편안함을 말하고 있을 수 있다. 스턴버그의 심리학을 안다는 것은 '삼각형 이론'을 외우는 게 아니다. 지금 내 사랑에 무엇이 있고 무엇이 빠져 있는지를 정확히 보는 것이다.

뭔가 빠진 것 같은 느낌

토요일 저녁이다. 소파에 나란히 앉아 있다. 드라마가 흐르고 있다. 상대는 핸드폰을 보고 있다. 나도 핸드폰을 본다. 드라마는 계속 흘러간다. 특별히 대화할 것도 없고, 대화하지 않는 게 불편하지도 않다. 나쁘지 않다. 그런데 문득 이런 생각이 든다. 저 사람이 지금 무슨 생각을 하는지 궁금하지 않다.

3년 전에는 달랐다. 헤어지고 나서도 그 사람이 무슨 생각을 할지 상상했다. 자다가 깨서 문자를 확인했다. 다음에 만날 날을 손꼽았다. 손이 닿으면 의식이 거기 쏠렸다. 지금은 옆에 있어도 무슨 생각을 하는지 묻고 싶지 않다. 물어봤자 "별거 없어"일 것 같다. 그리고 그게 맞을 것이다. 나쁜 관계가 아니다. 싸우지 않는다. 서로 편하다. 이 사람이 싫어진 것도 아니다. 그런데 이게 다인가 싶다. 사랑이 원래 이렇게 되는 건가. 아니면 뭔가를 잃어버린 건가. 아니면 처음부터 착각이었던 건가.

로버트 스턴버그Robert Sternberg는 이 질문에 답하기 위해 다양한 커플을 연구했다. 그리고 그 '빠진 것'의 정체에 이름을 붙였다.

사랑을 삼각형으로 그린 남자

스턴버그는 예일대 심리학 교수였다. 지능 연구로 이름을 알렸지만, 그를 대중에게 각인시킨 것은 사랑에 대한 연구였다. 출발점은 단순한 의문이었다. 사람들이 "사랑한다"고 말할 때, 그 안에는 대체 무엇이 있는가. 같은 단어를 쓰는데 왜 서로 다른 것을 경험하는가. 수백 쌍의 커플을 인터뷰하고, 데이터를 분석하면서 하나의 구조가 보이기 시작했다. 사랑이라고 불리는 모든 경험은 세 가지 요소의 조합이었다.

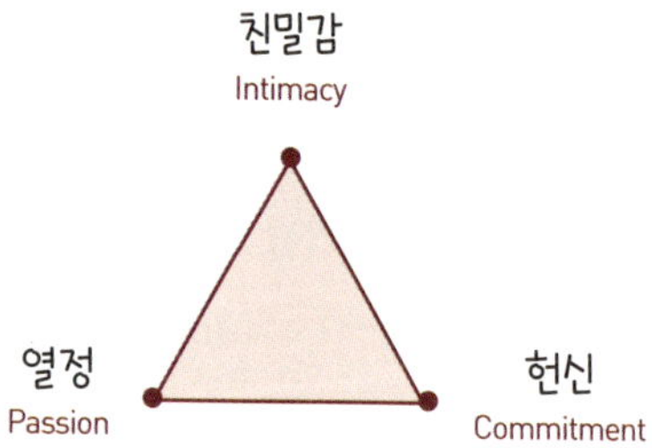

스턴버그는 이 셋을 삼각형의 세 꼭짓점에 놓았다. 각 요소가 얼마나 있느냐에 따라 삼각형의 모양이 달라진다. 그리고 삼각형의 모양이 곧 그 관계의 정체다.

"사랑의 양은 세 요소 각각의 절대적 강도에 달려 있고, 사랑의
종류는 세 요소의 상대적 강도에 달려 있다."

— 『The Triangle of Love』

세 꼭짓점

친밀감은 가까움이다.

상대와 연결되어 있다는 느낌. 속마음을 털어놓을 수 있고, 상대
도 나에게 그렇게 한다는 신뢰. 상대의 기쁨이 내 기쁨이고 상대의
고통이 내 고통이다. 친밀감은 서서히 쌓인다. 함께 보낸 시간, 나눈
이야기, 함께 겪은 위기들. 한 번에 만들어지지 않는다. 그리고 한 번
쌓이면 쉽게 사라지지 않는다.

열정은 강렬함이다.

신체적 끌림, 흥분, 상대에 대한 갈망. 보고 싶고 닿고 싶은 충동.
열정은 빠르게 타오른다. 그리고 빠르게 식는다. 열정의 잔인한 속
성이 있다. 처음에는 아무 노력 없이 타오른다. 상대가 존재한다는
것만으로도 가슴이 뛴다. 하지만 시간이 지나면 같은 강도의 자극에
반응하지 않게 된다. 뇌가 적응한 것이다. 처음 매운 음식을 먹으면
온몸이 반응하지만, 매일 먹으면 무뎌지는 것과 같다. 상대가 덜 매
력적으로 변한게 아니다. 뇌가 상대에 대한 적응을 마친 것이다.

헌신은 선택이다.

이 사람을 사랑하기로 결정하는 것, 그리고 그 결정을 유지하는 것. 단기적으로는 "나는 이 사람을 사랑한다"는 판단이고, 장기적으로는 "나는 이 관계를 지속하겠다"는 의지다. 헌신은 감정이 아니다. 감정이 없어도 작동한다. 아니, 감정이 없을 때 특히 중요해진다. 열정이 식고 감정이 무뎌지는 순간, 관계를 붙잡는 것은 헌신이다.

지금 관계에서 세 가지를 각각 10점 만점으로 매겨보라. 친밀감 몇 점, 열정 몇 점, 헌신 몇 점. 어디가 높고 어디가 낮은가. 낮은 곳이 지금 관계에서 당신이 불만족스러운 이유일 가능성이 높다.

같은 말, 다른 사랑

카페에 커플이 앉아 있다. 여자가 말한다. "요즘 우리 사이 뭔가 달라진 것 같아." 남자가 답한다. "뭐가? 난 달라진 거 없는데. 나 너 사랑해." 여자가 말한다. "나도 사랑해. 근데 뭔가 빠진 것 같아." 남자는 이해를 못 한다. 사랑한다고 했는데 뭐가 빠졌다는 건지. 여자도 설명을 못 한다. 사랑하는 건 맞는데, 뭔가 부족한 건지.

스턴버그의 삼각형으로 보면 이 장면이 선명해진다. 두 사람은 "사랑해"라고 같은 말을 하고 있지만, 각자의 삼각형이 다르다. 남자의 삼각형은 헌신이 크다. "너를 사랑해"는 "나는 이 관계를 계속하겠다"는 뜻이다. 여자의 삼각형은 열정이 약해졌다. "뭔가 빠진 것 같아"는 "설렘이 사라졌어"라는 뜻이다. 둘 다 거짓말이 아니다. 하지만 두 사람이 말하는 '사랑'이 다른 것이다.

한쪽은 열정의 감소를 사랑의 소멸로 읽고, 다른 쪽은 헌신의 지속을 사랑의 증거로 내세운다. 같은 단어로 다른 감각을 말하고 있다. 그리고 서로가 무엇을 말하고 있는지 모른다.

더 미묘한 문제도 있다. 스턴버그는 실제로 느끼는 사랑$^{felt\ love}$과 상대에게 전달되는 사랑$^{expressed\ love}$ 사이에 간극이 생긴다는 것을 발견했다. 내가 깊은 친밀감을 느껴도, 그것을 표현하지 않으면 상대는 모른다. 당신이 마음속으로 상대를 아끼고 있어도, 상대가 그것을 느끼지 못하면 없는 것과 같다. 느끼는 것과 보여주는 것은 다른 능력이다.

"표현하지 않으면, 아무리 위대한 사랑도 죽을 수 있다."

—『The Triangle of Love』

당신의 관계는 어떤 사랑인가

세 요소의 조합에 따라 사랑은 완전히 다른 모습을 띤다. 스턴버그는 일곱 가지 형태를 구별했다. 읽으면서 자신의 관계가 어디에 있는지 찾아보라.

친밀감만 있는 경우 — 좋아함Liking

상대를 좋아하고 가깝지만 열정도 헌신도 없다. 오랜 친구 관계가 여기 해당한다. 많은 장기 연애가 시간이 지나면서 여기로 흘러간다. 그것을 알고 있는 경우도 있고, 모르는 경우도 있다.

열정만 있는 경우 — 도취성 사랑Infatuation

강렬하게 끌리지만 깊이 알지 못하고 헌신도 없다. "첫눈에 반한 사랑"이 전형적인 예다. 강렬하지만 불안정하다. 상대를 알게 되면서 사라지거나, 시간이 지나면서 친밀감으로 발전하기도 한다.

헌신만 있는 경우 — 공허한 사랑Empty Love

함께 있기로 했고 그 결정을 유지한다. 하지만 가까움도 설렘도 없다. 형식은 있는데 안이 비어 있다. 스턴버그는 이것이 사랑의 마지막 단계일 수도 있고, 아직 친밀감과 열정이 발전하지 않은 첫 단계일 수도 있다고 봤다. 같은 형태인데 끝일 수도 있고 시작일 수도 있다.

친밀감과 열정이 있는 경우 — 낭만적 사랑Romantic Love

따뜻하고 강렬하다. 연애 초기의 이상적인 모습. 하지만 헌신이 없다. 미래에 대한 약속이 없으니, 어려워지면 떠날 수 있다. 가장 아름답지만 가장 취약한 형태다.

친밀감과 헌신이 있는 경우 — 우애적 사랑 Companionate Love

깊이 알고 함께하기로 선택했다. 하지만 열정이 없다. 편하다. 안전하다. 그런데 설레지 않는다. 많은 장기 커플이 여기 있다.

열정과 헌신이 있는 경우 — 허구적 사랑 Fatuous Love

강렬하게 끌리고 빠르게 결정한다. 만난 지 한 달 만에 결혼을 약속하는 경우. 서로를 깊이 알기 전에 헌신부터 한 것이다. 열정이 식으면 기반이 흔들린다. 기초 없이 올린 건물이다.

세 가지가 모두 있는 경우 — 성숙한 사랑 Consummate Love

스턴버그가 이상으로 제시한 형태다. 자신의 관계를 찾았는가. 스턴버그는 어느 형태에 있든 그것이 '잘못된' 관계라고 말하지 않는다. 다만, 어디에 있는지 아는 것과 모르는 것은 완전히 다르다. 모르면 불만족의 이유를 찾지 못한다. 알면 무엇을 키워야 하는지 보인다.

완전한 사랑은 가능한가

스턴버그는 완전한 사랑이 가능하다고 봤다. 하지만 유지하는 것이 얻는 것보다 어렵다고도 했다. 세 가지 요소는 속도가 다르다. 열정은 빠르게 타오르고 빠르게 식는다. 친밀감은 천천히 쌓인다. 헌신은 의지로 유지된다. 이 세 가지가 동시에 충만한 순간은 있지만, 그 상태는 저절로 유지되지 않는다. 삼각형은 저절로 균형을 유지하지 않는다. 어느 한 꼭짓점이 무너지기 시작하면, 나머지도 흔들린다. 세 요소는 서로 연결되어 있기 때문이다. 그리고 무너진 것을 다시 세우는 것은 감정이 아니라 행동이다.

사귄 지 3년 됐고, 싸우지 않고, 편하고, 뭔가 빠진 것 같은 그 관계. 스턴버그의 언어로 말하면 그것은 친밀감과 헌신은 있지만 열정이 식은 상태다. 사랑이 끝난 게 아니다. 삼각형의 한 꼭짓점이 낮아진 것이다. 낮아진 것은 다시 높일 수 있다. 단, 저절로 되지는 않는다.

관계에서 지금 가장 약한 꼭짓점이 무엇인지 확인했다면, 오늘 하나의 행동을 해보라. 친밀감이 약하다면 오늘 상대에게 평소 하지 않던 이야기를 꺼내라. 열정이 약하다면 함께 처음 가보는 곳에 가라. 헌신이 약하다면 이 관계를 계속하기로 선택한 이유를 직접 말로 해보라. 사랑은 저절로 유지되지 않는다.

빠진 꼭짓점의 이름을 아는 사람

토요일 저녁, 소파에 나란히 앉아 있다. 드라마가 흐르고, 둘 다 핸드폰을 보고 있다. 나쁘지 않다. 그런데 뭔가 빠진 것 같다. 이제 당신은 그 빠진 것에 이름을 붙일 수 있다. 그것이 친밀감인지, 열정인지, 헌신인지. 이름이 생기면 달라지는 것이 하나 있다. "이 관계는 끝난 것 같아"가 아니라 "지금 어느 꼭짓점이 낮아진 건가"를 물을 수 있다.

끝난 것과 낮아진 것은 다르다. 끝났다고 생각하면 떠나는 것밖에 신택지가 없다. 낮아졌다고 보면 다시 높이는 것이 선택지가 된다. 세 개의 꼭짓점이 동시에 타오르는 순간은 드물다. 스턴버그 자신도 인정했다. 완전한 사랑은 가능하지만, 유지하는 것이 얻는 것보다 어렵다고. 사랑의 이름은 하나지만, 그 안의 구조는 셋이다. 셋을 볼 수 있는 사람만이, 사랑이 식어갈 때 어디에 힘을 줘야 하는지를 안다.

바우만의
리퀴드 러브

현대인은 왜 사랑을 소비하는가

05

Zygmunt Bauman

만나는 사람은 많아지는데 외로움은 줄지 않는다. 관계는 시작되지만 깊어지지 않는다. 이것이 당신만의 문제가 아니라 시대의 구조라면. 바우만의 사회학을 안다는 것은 '액체 근대'라는 개념을 외우는 게 아니다. 지금 내 사랑이 어떤 시대의 논리 위에서 작동하고 있는지를 보는 것이다.

삭제 버튼이 생긴 이후

———

앱을 켠다. 사진이 뜬다. 왼쪽으로 넘기면 다음 사람. 오른쪽으로 넘기면 관심 표시. 0.5초 만에 판단한다. 얼굴, 키, 직업, 첫 문장. 매칭이 됐다. 대화를 시작한다. 재있다. 만나기로 했다. 만났다. 괜찮았다. 두 번 만났다. 세 번 만났다. 그런데 뭔가 어긋나는 느낌이 든다. 딱히 나쁜 사람은 아닌데, 확신이 없다. 어딘가에 더 잘 맞는 사람이 있을 것 같다. 대화창을 닫는다. 앱을 다시 켠다.

이 패턴을 몇 번이나 반복했는지 모르겠다. 그리고 이상한 일이 생긴다. 만나는 사람이 많아질수록 오히려 더 외롭다. 무언가 근본적으로 잘못된 것 같은데, 무엇이 잘못된 건지 모르겠다.

지그문트 바우만Zygmunt Bauman은 이것이 당신의 문제가 아니라고 말한다. 구조의 문제라고. 그리고 그 구조는 당신이 살고 있는 이 시대가 만들었다고.

모든 것이 녹아내린 시대

———

바우만은 현대를 한 단어로 진단했다. "액체 근대Liquid Modernity." 고체는 형태가 있다. 담겨 있는 그릇에 저항한다. 깨지지 않으면 모양을 유지한다. 하지만 액체는 형태가 없다. 어떤 그릇에든 담긴다. 담기는 순간 그릇의 모양을 따른다. 쏟으면 흘러내린다. 바우만은 현대 사회가 그렇다고 봤다. 과거에는 단단했던 것들 — 계급, 직업, 가족, 공동체, 정체성 — 이 모두 녹아내리기 시작했다. 한 직장에서 평생 일하던 시대가 끝났다. 한 동네에서 태어나 죽던 시대가 끝났다. 고정된 것이 없다. 모든 것이 유동적이다. 선택하고, 바꾸고, 떠날 수 있다. 그리고 사랑도 녹았다. 2003년, 바우만은 『리퀴드 러브』를 출판했다. 부제는 "인간 유대의 취약성에 관하여"다. 현대의 사랑이 왜 이토록 쉽게 시작되고 이토록 쉽게 끝나는지를 해부한 책이었다.

연결되고 싶지만 묶이고 싶지 않다

바우만이 포착한 현대인의 욕망이 있다. 한 문장으로 압축된다. 연결되고 싶지만 묶이고 싶지 않다. 당신도 그렇지 않은가. 한번 솔직하게 점검해보라. 관계를 원한다. 외롭지 않고 싶다. 누군가와 함께 있고 싶다. 여기까지는 맞다. 하지만 동시에, 그 관계가 나를 제약해서는 안 된다. 언제든 떠날 수 있어야 한다. 더 좋은 선택지가 나타나면 바꿀 수 있어야 한다. 상대가 너무 많은 것을 요구하면 부담스럽다.

이 두 욕망은 구조적으로 모순이다. 진짜 연결은 묶임을 수반한다. 상대에게 영향을 받고, 상대를 위해 무언가를 포기하고, 내 시간과 에너지의 일부를 상대에게 넘기는 것. 그것이 없으면 연결이 아니라 병렬이다. 같은 공간에 있지만 각자인 상태. 바우만이 본 현대인의 해결책은 이렇다. 깊이를 포기하고 수를 늘린다. 하나에 모든 것을 거는 위험을 피하고, 여러 개에 조금씩 투자한다. 어느 하나가 실망스러우면 다른 것으로 이동한다. 주식 포트폴리오를 관리하듯 관계를 관리한다.

"액체 근대의 삶에서 영구적인 유대는 없다. 우리가 잠시 맺는 유대는 느슨하게 묶여 있어야 한다 — 상황이 바뀌면 언제든, 가능한 한 빠르고 쉽게 풀어낼 수 있도록."

—『리퀴드 러브』

사랑에 침투한 쇼핑의 논리

바우만이 가장 날카롭게 지적한 것이 있다. 소비 사회의 논리가 사랑에 그대로 적용되기 시작했다는 것이다. 한번 따라가보라. 당신이 이어폰을 산다. 쓰다가 소리가 마음에 안 든다. 어떻게 하는가. 고치지 않는다. 새 것을 산다. 더 좋은 모델이 나왔다. 바꾼다. 기존 것에 애착을 갖는 것은 비효율적이다. 최신 버전을 유지하는 것이 합리적이다. 이제 이 논리를 관계에 대입해보라. 상대에게 불만이 생긴다. 대화로 해결하려 하지 않는다. 새로운 상대를 찾는다. 오래된 관계를 수리하는 것보다 새로운 관계를 시작하는 것이 더 빠르고 효율적이다. 관계에서 문제가 생겼을 때 "어떻게 해결할까"가 아니라 "이게 맞는 관계인가"를 먼저 묻는다. 확신이 없으면 떠난다. 낯설지 않을 것이다. 당신이 했거나, 당신이 당한 일이다.

바우만은 비유를 든다. 정원사와 사냥꾼의 차이다. 정원사는 식물이 자라는 것을 기다린다. 물을 주고, 가지치기를 하고, 계절을 버틴다. 느리다. 하지만 뿌리가 내린다. 사냥꾼은 이동한다. 이곳에서 얻을 것이 없으면 다른 곳으로 간다. 빠르다. 하지만 뿌리가 없다. 현대의 연애는 점점 사냥을 닮아간다. 앱을 켜고, 스와이프하고, 매칭하고, 만나고, 실망하고, 삭제하고, 다시 켠다. 이동 속도는 빨라지는데 도착하는 곳은 없다.

> "파트너십은 점점 더 생산되는 것이 아니라 소비되는 것으로 여겨지고 다루어진다. 다른 모든 소비 대상과 동일한 기준으로 평가받는."
>
> —『리퀴드 러브』

최근 끝낸 관계를 떠올려보라. 끝낸 이유가 상대의 결함 때문이었는가, 아니면 더 나은 가능성이 있을 것 같아서였는가. 상대와 대화를 시도한 뒤 끝냈는가, 아니면 대화 없이 판단한 뒤 끝냈는가. 후자라면 당신은 정원을 가꾼 게 아니라 사냥터를 옮긴 것이다.

창 닫기 한 번이면 끝나는 관계

바우만은 온라인이 이 구조를 가속시킨다고 봤다. 『리퀴드 러브』가 나온 2003년에는 데이팅 앱이 없었다. 하지만 그가 예견한 것은 정확히 데이팅 앱의 세계였다. 당신의 핸드폰을 꺼내 카톡 목록을 보라. 대화가 멈춘 채 방치된 채팅방이 몇 개인가. 한때 매일 대화하던 사람, 지금은 이름만 남아 있는 사람. 그 관계는 어떻게 끝났는가. 싸워서? 공식적으로 정리해서? 아니다. 대부분은 그냥 흐지부지 됐다. 답장이 늦어지고, 대화가 뜸해지고, 어느 순간 아무도 먼저 연락하지 않게 됐다. 끝낸 것도 아니고 유지하는 것도 아닌, 증발한 관계.

바우만은 이것을 "네트워크"와 "공동체"의 차이로 설명했다. 공동체는 내가 원하든 원하지 않든 묶여 있는 것이다. 갈등이 생기면 해결해야 한다. 떠나는 비용이 크다. 하지만 네트워크는 다르다. 연결하고 끊는 것이 자유롭다. 비용이 없다. 그래서 책임도 없다. 현대의 관계는 점점 공동체가 아니라 네트워크를 닮아간다. 접속하고 로그아웃하는 것처럼. 시작에 용기가 필요 없고, 끝에 설명이 필요 없다.

역설이 있다. 인류 역사상 가장 많이 연결된 시대에, 외로움을 호소하는 사람이 가장 많다. 연결의 수가 외로움을 해결하지 않는다. 오히려 얕은 연결이 쌓일수록, 깊은 연결의 부재가 더 선명해진다.

외로움과 헌신, 두 공포 사이에서

외로움이 두렵다. 동시에 헌신이 두렵다. 이 두 공포가 동시에 작동한다. 외로움이 두려우니 관계를 시작한다. 헌신이 두려우니 깊어지는 것을 피한다. 그 결과, 연결된 것 같지만 실제로는 아무것도 아닌 중간 지대에 머문다. 완전히 혼자이지도 않고, 완전히 함께이지도 않은 상태.

당신의 관계 목록을 떠올려보라. 그중 "사이가 좋다"고 말할 수 있는 사람이 몇 명인가. 그리고 그중 밤 2시에 전화해서 울어도 되는 사람이 몇 명인가. 두 번째 숫자가 첫 번째보다 훨씬 적다면, 당신의 관계는 넓지만 깊지 않은 것이다. 네트워크는 크지만 공동체는 작다. 그 결과가 아이러니하다. 상처받지 않으려고 깊이 들어가지 않는다. 깊이 들어가지 않으니 진짜 연결이 만들어지지 않는다. 진짜 연결이 없으니 외로움이 해소되지 않는다. 외로움을 채우기 위해 새로운 관계를 시작한다. 그 관계도 깊어지기 전에 닫는다.

순환이다. 그리고 이 순환에서 빠져나오기가 어려운 이유가 있다. 이 패턴이 합리적으로 느껴지기 때문이다. 깊이 들어갔다가 상처받은 적이 있다면, 조심하는 게 당연하다. 헌신했다가 버려진 적이 있다면, 헌신을 피하는 게 현명하다. 하지만 그 "현명함"이 쌓일수록 관계는 얕아지고, 외로움은 깊어진다.

상대는 상품이 아니다

바우만이 제시하는 출구는 소비의 논리를 뒤집는 것이다. 그가 쓰는 표현이 있다. "타자를 타자로 인정하는 것." 소비의 논리에서 상대는 나의 필요를 충족해야 하는 존재다. 내 기준에 맞는가. 내 기대를 채우는가. 내가 원하는 방식으로 작동하는가. 맞지 않으면 교체한다. 이어폰을 바꾸듯이. 타자를 타자로 인정한다는 것은 이 논리를 멈추는 것이다. 상대가 내 기준과 다르다는 것을 결함이 아니라 사실로 받아들이는 것. 상대가 내가 원하는 방식으로 존재하지 않을 수 있다는 것을 처음부터 전제하는 것. 상대에게서 느끼는 낯섦을 제거할 문제가 아니라, 상대가 나와 다른 독립적 존재라는 증거로 읽는 것.

이것이 사랑의 출발점이다. 상대를 내 필요의 도구로 보는 한, 그것은 소비다. 상대가 나와 독립적으로 존재하는 타자라는 것을 인정하는 순간, 비로소 사랑이 시작될 조건이 만들어진다.

61년을 함께한 사람

바우만은 1948년 야니나 레빈손과 결혼했다. 야니나가 세상을 떠난 2009년까지 61년을 함께했다. 야니나는 홀로코스트 생존자였다. 열세 살에 전쟁을 맞았고 바르샤바 게토에 갇혔다. 기적적으로 살아남았다. 바우만 역시 전쟁을 직접 통과한 사람이었다. 나치를 피해 소련으로 도망쳤고, 공산주의 폴란드에서 추방당했으며, 두 사람은 함께 이스라엘로, 다시 영국으로 이동했다.

세상이 얼마나 빠르게 무너질 수 있는지를 몸으로 아는 사람들이었다. 바우만이 『리퀴드 러브』를 쓸 때 야니나와 함께한 지 이미 55년이었다. 현대의 사랑이 얼마나 유동적인지를 분석한 사람이, 정작 가장 단단한 사랑을 살고 있었다. 액체 시대를 진단한 사람이 고체로 살았다.

녹지 않기로 한 선택

액체 근대는 이미 왔고, 되돌릴 수 없다. 앱을 닫을 수 있다. 창을 닫을 수 있다. 더 나은 사람이 있을 것 같다는 생각이 들 수 있다. 그 모든 것이 가능한 시대다. 그 시대에, 그럼에도 이 사람 앞에 남기로 선택하는 것. 상대가 나를 실망시켰을 때 삭제 버튼 대신 대화를 시작하는 것. 더 나은 가능성이 있을 것 같아도 지금 이 관계에 머무는 것.

바우만은 이것이 시대를 거스르는 행위라는 걸 알고 있었다. 액체 근대는 고체를 불편하게 만든다. 헌신하는 사람을 시대에 뒤처진 사람처럼 느끼게 한다. 더 자유롭고, 더 열려 있고, 더 유연한 것이 현명한 것처럼 보이게 만든다.

하지만 그 현명함의 끝에 무엇이 있는지는 이미 봤다. 모든 것이 녹아내리는 시대에, 녹지 않기로 한 선택. 그 선택이 비효율적이고, 비합리적이고, 시대착오직으로 보일 수 있다. 하지만 바우만이 평생 몸으로 보여준 것이 있다. 액체 시대에도 고체로 살 수 있다는 것. 그리고 고체로 사는 관계 안에서, 액체 시대가 줄 수 없는 것이 만들어진다.

지금 관계에서 불편함이 생겼을 때 당신의 첫 번째 반응을 관찰해보라. 창을 닫고 싶은가, 대화를 시작하고 싶은가. 전자가 습관이 됐다면, 당신은 이미 액체가 된 것이다. 다음에 그 충동이 올 때, 한 번만 반대로 해보라. 닫는 대신 말을 꺼내보라. 그 한 번이 고체가 되는 연습의 시작이다.

- 『리퀴드 러브』 현대인이 왜 사랑에 실패하는지를 구조로 설명한다　　난이도 ★★★☆☆
- 『액체 근대』 리퀴드 러브의 이론적 토대　　난이도 ★★★☆☆

플라톤의 에로스

사랑은 영혼의 상승인가, 욕망의 착각인가

06

Plato

완벽한 사람을 찾는다는 것

몇 번째 만남인지 기억도 안 난다. 이번 사람은 괜찮았다. 대화가 잘 됐다. 유머도 있었다. 그런데 뭔가 부족했다. 딱히 설명하기 어렵지만 확신이 없었다. "이 사람이 맞나?"라는 질문이 떠나지 않았다. 결국 흐지부지됐다. 다음 사람을 만났다. 안정적이었다. 듬직했다. 그런데 대화가 밋밋했다. 설레지 않았다. 다음.

이번엔 설렌다. 눈이 마주치면 심장이 뛴다. 그런데 불안정하다. 감정 기복이 심하다. 미래를 같이 그리기 어렵다. 다음. 이 과정을 얼마나 반복했는가. 조건을 조금씩 조정하면서, 체크리스트를 업데이트하면서. 어딘가에 모든 것이 맞는 사람이 있을 것 같다. 만나는 순간 알 수 있는 사람. 더 만나다 보면 나타날 것 같다. 계속 찾는다. 그 완벽한 사람이 실제로 존재하긴 하는가.

플라톤은 2400년 전에 이 질문을 먼저 했다. 그리고 불편한 답을 내놨다. 당신이 찾는 것은 처음부터 사람이 아니었다고.

2400년 전의 술자리

기원전 416년경, 아테네. 비극 시인 아가톤이 경연에서 우승한 것을 축하하는 연회가 열린다. 참석자들이 술잔을 기울이며 결정한다. 오늘 밤은 각자 돌아가며 에로스Eros, 즉 사랑의 신을 찬양하는 연설을 하자. 이것이 플라톤Plato의 『향연』이다. 실제 역사적 인물들이 등장한다. 희극 작가 아리스토파네스, 의사 에뤽시마코스, 그리고 마지막에 소크라테스. 각자 자기 방식으로 사랑을 정의한다. 그중 두 사람의 연설이 2400년을 살아남았다. 아리스토파네스와 소크라테스.

반쪽을 찾는 인간들

———

아리스토파네스가 먼저 말한다. 그의 연설은 신화의 형태를 띤다. 태초에 인간은 지금과 달랐다. 둥근 형태였다. 팔이 넷, 다리가 넷, 얼굴이 둘. 완전한 존재였다. 그런데 너무 강해지자 신들을 위협했다. 제우스가 인간을 둘로 쪼갰다. 그 이후 인간은 잃어버린 반쪽을 찾아 헤맨다. 반쪽을 만나는 순간, 그것이 사랑이다.

수천 년을 살아남은 이야기다. 너무 정확하게 느껴지기 때문이다. 당신도 경험했을 것이다. 처음 만났는데 오래 알던 사람 같은 느낌. 설명할 수 없는 끌림. 말하지 않아도 통하는 것들. "우리는 원래 하나였다"는 말이 그 모든 것을 가장 쉽게 설명한다. 소울메이트라는 개념의 원형이 여기에 있다.

하지만 플라톤은 여기서 멈추지 않았다. 아리스토파네스의 신화에는 구조적 문제가 있다. 반쪽을 찾으면 끝난다. 완성된다. 사랑이 도착점이 된다. 그런데 도착한 뒤에는 뭘 하는가? 그리고 더 현실적인 문제가 있다. 반쪽이 있다는 믿음은 필연적으로 불안을 만든다. 지금 이 사람이 내 반쪽이 아닐 수 있다는 의심. 더 완벽하게 맞는 사람이 어딘가에 있을 것이라는 탐색. 그 탐색은 끝나지 않는다. 완벽한 반쪽은 도달할 수 없는 이상이기 때문이다.

에로스는 신이 아니다

———

아리스토파네스의 연설이 끝나고, 소크라테스가 말을 시작한다. 그는 자기가 직접 말하지 않는다. 만티네아의 여사제 디오티마에게 배운 것을 진히는 형식을 취한다. 디오티마는 에로스의 정체부터 뒤집는다. 에로스는 신이 아니다. 신과 인간 사이의 중간 손새, 다이몬 daimon이다. 에로스는 풍요 Poros와 결핍 Penia 사이에서 태어났다. 그래서 에로스는 항상 부족하다. 무언가를 원한다. 채워지지 않는다. 채워지는 순간 다시 원한다.

이것이 사랑이 항상 불안한 이유다. 사랑은 소유가 아니라 결핍의 감각이기 때문이다. 상대를 얻으면 끝나는 것이 아니라, 얻은 뒤에도 무언가 부족하다. 그것은 상대의 문제가 아니다. 에로스의 본질이다. 그렇다면 에로스는 무엇을 향하는가. 디오티마는 계단을 그린다. 에로스는 아래에서 위로, 구체에서 추상으로, 하나에서 전체로 올라가는 운동이라고.

에로스의 사다리

한번 따라가보라. 당신의 사랑이 어디에서 시작됐는지, 그리고 어디까지 올라갔는지를.

첫 번째 칸 하나의 아름다운 몸에 끌린다. 특정한 사람의 외모에 반한다. 여기서 사랑은 시작된다. 얼굴, 목소리, 손, 걸음걸이. 모든 끌림의 첫 번째 순간이 여기 있다. 두 번째 칸 하나의 아름다운 몸에서, 모든 아름다운 몸에 깃든 아름다움이 같은 것임을 깨닫는다. 이 사람의 아름다움과 저 사람의 아름다움은 근원이 같다. 한 사람의 외모에 대한 집착이 줄어든다. 세 번째 칸 몸보다 영혼의 아름다움이 더 귀하다는 것을 깨닫는다. 외모보다 성품에 끌린다. 용기, 따뜻함, 지성, 성실함. 눈에 보이는 것보다 눈에 보이지 않는 것이 더 오래 남는다는 것을 안다.

네 번째 칸 한 사람의 영혼이 아니라, 인간의 행동과 법과 제도의 아름다움을 본다. 다섯 번째 칸 지식과 학문의 아름다움을 깨닫는다. 여섯 번째 칸 마침내 아름다움 자체를 본다. 특정한 몸도, 특정한 영혼도 아닌, 아름다움이라는 것 자체.

"인간의 삶이 살 만한 가치가 있다면, 그것은 아름다움 자체를
바라볼 때다."

—『향연』

플라톤에게 에로스의 완성은 특정한 사람을 사랑하는 것이 아니다. 아름다움 자체를 향해 상승하는 것이다. 사랑은 목적지가 아니라 사다리다.

지금까지 당신이 누군가에게 끌렸을 때, 끌린 이유를 떠올려보라. 처음에는 외모에 끌렸을 것이다. 시간이 지나면서 성격에 끌렸는가, 아니면 여전히 외모에 머물러 있는가. 플라톤의 언어로, 당신의 에로스는 지금 몇 번째 칸에 있는가.

"플라토닉 러브"는 플라톤의 말이 아니다

"플라토닉 러브"는 보통 "육체 없는 순수한 정신적 사랑"을 뜻하는 말로 쓰인다. "우리는 플라토닉한 관계야." 성적인 것이 없는, 깨끗한 관계라는 의미로. 플라톤이 말한 것은 그게 아니다. 플라톤의 에로스는 성적 욕망에서 시작한다. 아름다운 몸에 끌리는 것이 사다리의 첫 번째 칸이다. 그것을 부정하거나 억압하는 게 아니다. 거기서 출발해 더 높은 곳으로 나아가는 것이다. 플라톤은 육체적 끌림

을 부끄러운 것으로 보지 않았다. 그것이 에로스의 시작점이라고 봤다. "플라토닉 러브"가 지금의 의미로 굳어진 것은 후대의 해석자들 때문이다. 육체를 낮은 것으로, 정신을 높은 것으로 나누면서, 플라톤의 사다리에서 "육체에서 출발한다"는 부분을 빼고 "정신으로 상승한다"는 부분만 남긴 것이다. 플라톤의 에로스에서 몸을 삭제한 것은 플라톤이 아니라 후대다. 몸에서 시작해 영혼으로, 영혼에서 지식으로, 지식에서 아름다움 자체로. 몸을 부정하는 것이 아니라, 몸이 가리키는 더 큰 것을 보는 것이다.

사다리 꼭대기에 아무도 없다

———

여기서 멈추면 플라톤의 에로스는 아름다운 이론으로 끝난다. 하지만 불편한 질문이 하나 있다. 사다리를 끝까지 오르면, 특정한 사람을 사랑하는 것은 하위 단계의 일이 된다. 아름다운 몸을 사랑하는 것, 한 사람의 영혼을 사랑하는 것은 아직 낮은 곳에 있는 것이다. 완전히 성숙한 사람은 특정한 개인에 대한 사랑을 초월해야 한다. 사다리 꼭대기에 도달한 사람은 더 이상 한 사람에게 매이지 않는다.

이것이 맞는가. 플라톤의 제자 아리스토텔레스는 스승과 다른 방향을 택했다. 특정한 사람을 사랑하는 것이야말로 가장 완전한 형태의 우정이라고 봤다. 그 사람이 그 사람이기 때문에 사랑하는 것.

대체 불가능한 개인을 아끼는 것. 현대 철학자 마사 누스바움도 플라톤을 비판했다. 사다리 꼭대기에는 아무도 없다. 추상적인 아름다움은 사랑할 수 없다. 사랑은 항상 특정한 누군가를 향한다. 그리고 그 대체 불가능성이야말로 사랑을 사랑이게 만드는 것이라고.

플라톤의 에로스가 향하는 곳은 안전한 곳이다. 특정한 사람에게 의존하지 않아도 되는 곳. 상대가 떠나거나 변해도 흔들리지 않는 곳. 아름다움 자체는 배신하지 않는다. 하지만 그것이 사랑인가. 아니면 사랑으로부터의 도피인가. 상처받지 않기 위해 올라가는 사다리인가.

당신은 어떤가. 누군가를 사랑할 때, 그 사람 자체를 사랑하는가, 아니면 그 사람이 대표하는 무언가를 사랑하는가. 이 질문에 정답은 없다. 하지만 이 질문을 해본 적이 있느냐 없느냐는 사랑의 깊이를 바꾼다.

소유하는 사랑과 올라가는 사랑

플라톤의 사다리를 문자 그대로 따를 필요는 없다. 특정한 사람에 대한 사랑을 초월해야 한다는 결론은 대부분의 삶에 맞지 않는다. 하지만 플라톤을 현대적으로 읽으면 다른 것이 보인다. 한번 떠올려보라. 당신이 누군가를 깊이 사랑했던 시기에, 세상이 어떻게 보였는가. 혼자 듣던 음악이 다르게 들리지 않았는가. 지나치던 풍

경이 새롭게 보이지 않았는가. 관심 없던 분야가 갑자기 궁금해지지 않았는가. 그 사람 덕분에 세상이 조금 더 넓어진 경험. 그것이 에로스의 작동이다. 특정한 사람을 사랑할 때, 우리는 그 사람이 구현하는 무언가에 반응하고 있다. 용기, 따뜻함, 지성, 성실함. 그 사람이기도 하지만, 그 사람을 통해 보이는 무언가이기도 하다.

플라톤이 말하고 싶었던 것은 어쩌면 이것이었을지 모른다. 사랑은 상대를 소유하는 것이 아니라, 상대가 가리키는 더 넓은 곳을 함께 보는 것이다. 완벽한 반쪽은 없다. 아리스토파네스의 신화는 아름답지만, 그 아름다움이 끝없는 탐색을 만든다. 플라톤은 거기서 한 발 더 갔다. 사랑은 반쪽을 찾아 완성되는 것이 아니다. 사랑은 출발점이다. 문제는 그 출발점에서 어디로 가느냐. 머무는 사랑은 소유가 된다. 올라가는 사랑은 서로를 더 넓은 곳으로 데려간다.

그 사람을 사랑하면서 당신은 더 넓어졌는가, 아니면 더 좁아졌는가. 그 사람을 통해 세상이 더 크게 보였는가, 아니면 그 사람만 보였는가. 전자라면 에로스가 작동하고 있는 것이다.

지금 또는 과거의 관계를 하나 떠올려보라. 그 사람과 함께하면서 당신의 세계가 넓어졌는가, 좁아졌는가. 새로운 것이 보이기 시작했는가, 아니면 그 사람만 보였는가. 플라톤은 말한다. 사랑이 당신을 더 큰 곳으로 데려가면 그것은 에로스가 작동하는 것이고, 사랑이 당신을 더 좁은 곳에 가두면 그것은 에로스가 멈춘 것이다.

- 『**향연**』 사랑에 관한 가장 오래된 철학적 탐구　　　　난이도 ★★☆☆☆
- 『**파이드로스**』 아름다움에 대한 더 깊은 탐구　　　　난이도 ★★★☆☆

끌림의 구조

왜 하필 그 사람인가

피셔의 사랑의 뇌과학

끌림에는 세 가지 뇌 시스템이 있다

01

Helen Fisher

좋아하는데 설레지 않을 때가 있다. 설레는데 함께 있고 싶지 않을 때가 있다. 떠나려다가 막상 잃을 것 같으면 미칠 것 같을 때가 있다. 같은 사랑이 아니다. 피셔의 뇌과학을 안다는 것은 도파민이나 옥시토신이라는 화학물질 이름을 외우는 게 아니다. 지금 내가 느끼는 것이 끌림인지, 애착인지, 욕망인지를 구별하는 것이다.

헤어지자고 했을 때 커지는 스위치

헤어지자는 말을 들은 순간이었다. 이상했다. 솔직히 그전까지 관계가 그렇게 좋지 않았다. 연락도 뜸했고, 만나도 어색했고, 언제 끝날까 생각한 적도 있었다. 그런데 막상 그 말을 들으니까 달랐다. 갑자기 그 사람의 모든 게 선명해졌다. 목소리, 웃는 방식, 손이 차가웠던 것. 잊고 있던 것들이 한꺼번에 올라왔다. 떠나보내기 싫었다. 아니, 그냥 싫은 게 아니라 공황에 가까운 감각이었다. 잡아야 할 것 같았다. 이 사람이 이렇게 소중한 줄 몰랐다.

그런데 잠깐. 며칠 전까지 이 관계에서 나오고 싶다고 생각했다. 연락이 안 와도 크게 신경 쓰지 않았다. 그랬는데 지금 이 감각은 뭔가. 이 사람이 갑자기 더 소중해진 건가. 아니면 내 안에서 무언가가 달라진 건가. 당신도 이런 경험이 있는가. 있으면 있을수록 이 챕터가 불편해질 것이다.

헬렌 피셔Helen Fisher라면 이렇게 말할 것이다. 그 사람이 변한 게 아니라고. 당신의 뇌 안에서 스위치 하나가 켜진 것이라고. 그리고 그 스위치는 잃어버릴 것 같을 때 가장 강하게 작동한다고.

사랑에 빠진 뇌를 찍다

———

피셔는 미국의 생물인류학자다. 럿거스 대학교 연구교수로 20년 넘게 사랑의 생물학적 기반을 연구했다. 그녀가 한 일은 단순하면서도 전례가 없었다. 사랑에 빠진 사람의 뇌를 fMRI로 찍은 것이다. 방법은 이랬다. 사랑에 빠진 사람들을 fMRI 기계 안에 눕혔다. 연인의 사진을 보여줬다. 그리고 뇌에서 무슨 일이 일어나는지를 촬영했다.

결과는 명확했다. 사랑에 빠진 뇌는 코카인을 투여한 뇌와 비슷한 영역이 활성화됐다. 복측피개영역VTA이라는 부위. 도파민을 대량으로 분비하는 곳이다. 사랑은 감정이 아니었다. 욕구였다. 배고픔, 목마름과 같은 생존 신호를 처리하는 뇌 시스템이 작동하고 있었다.

"사랑은 감정이 아니다. 사랑은 욕구다. 생존을 위한 근본적인 욕구와 같은 뇌 시스템에서 작동한다."

—『왜 우리는 사랑에 빠지는가』

그 사람 생각이 하루에도 수십 번 나는 것. 연락이 없으면 불안한 것. 만나면 밥을 안 먹어도 배가 부른 것. 이것은 의지가 아니다. 뇌가 작동하는 방식이다. 그리고 피셔는 여기서 한 가지를 더 발견했다. 사랑이 하나의 시스템이 아니라 세 가지 독립적인 시스템으로 이루어져 있다는 것이었다.

세 개의 스위치

당신 안에는 사랑의 스위치가 세 개 있다. 각각 다른 화학물질이 만들고, 각각 다른 방식으로 작동한다.

성욕 Lust

테스토스테론과 에스트로겐이 만든다. 특정한 상대를 향한 것이 아니다. 짝짓기 충동이 준비된 상태다. 넓게 작동한다. 누군가를 '매력적이다'라고 느끼는 것. 아직 관심은 아니다. 레이더가 켜진 상태다.

끌림 Attraction

도파민이 주도한다. 여기서부터 특정한 한 사람에게 집중된다. 그 사람을 생각하면 기분이 좋아진다. 밥을 먹어도 배가 안 부르다. 잠을 자도 피곤하지 않다. 핸드폰을 확인하고, 답장을 기다리고, 다시 만났을 때 심장이 빨라지는 것. 이것이 끌림 시스템이 만드는 상태다.

애착 Attachment

옥시토신과 바소프레신이 만든다. 깊은 안정감이다. 장기적인 유대다. 끌림과 다르다. 끌림은 강렬하고 불안하지만, 애착은 편안하고 안정적이다. 오래된 커플이 느끼는 "함께 있으면 편하다"는 감각. 자극이 없어도 거기 있는 것.

"사랑에는 세 가지 뇌 시스템이 있다. 성욕, 낭만적 사랑, 그리고 깊은 애착. 이 세 가지는 각각 독립적으로 작동하고, 각각 다른 대상을 향할 수 있다."

—『왜 우리는 사랑에 빠지는가』

마지막 문장을 다시 읽어보라. 각각 다른 대상을 향할 수 있다. 여기서 불편해진다.

사랑하는데 왜 다른 사람에게 끌리는가

———

세 시스템은 반드시 같은 사람을 향하지 않는다. 성욕은 A를 향하고, 끌림은 B를 향하고, 애착은 C를 향할 수 있다. 한 사람이 오래된 파트너에게 깊은 애착을 느끼면서 동시에 다른 사람에게 강렬한 끌림을 느끼는 것이 뇌과학적으로 가능하다. 뇌는 도덕 교과서를 읽지 않는다. 당신에게 물어보겠다. 파트너가 있는 상태에서 다른 사람에게 끌린 적이 있는가. 있다면, 그때 어떻게 해석했는가. "내가 나쁜 사람인가." "파트너를 진짜 사랑하는 게 아닌가." "이 사람이 진짜 내 운명인가."

피셔는 다르게 읽는다. 끌림 시스템과 애착 시스템이 동시에 다른 방향을 향하고 있는 것이다. 새로운 사람에 대한 도파민 반응은 강렬하다. 하지만 오래된 파트너와 쌓은 옥시토신 유대도 실재한다. 뇌가 두 가지를 동시에 경험하고 있다.

여기서 사람들이 흔히 하는 실수가 있다. 끌림이 더 강하기 때문에 그것이 '진짜 사랑'이라고 결론 내리는 것이다. 하지만 끌림 시스템은 새로움에 특히 강하게 반응한다. 새로운 사람은 아직 익숙하지 않다. 그래서 도파민이 더 많이 분비된다. 더 강렬하게 느껴지는 것은 그 사람이 더 중요해서가 아니라, 뇌가 새로움에 반응하는 방식 때문이다. 그 새로운 사람도 익숙해지면 같은 일이 반복된다.

도망치는 사람에게 더 끌리는 이유

끌림 시스템은 장애물이 있을 때 더 강해진다. 상대가 관심을 거두거나, 경쟁자가 등장하거나, 거절당하는 상황에서 도파민 시스템이 더 강하게 활성화됐다. 쉽게 가질 수 없을 때 더 강하게 원하게 된다. 밀당이 효과가 있는 이유, 쫓는 사람보다 도망치는 사람에게 더 끌리는 이유가 여기 있다. 뇌가 불확실성에 반응해 도파민을 더 분비하기 때문이다.

진화적으로 보면 이해된다. 쉽게 얻을 수 있는 것보다 얻기 어려운 것이 더 가치 있다고 판단하도록 뇌가 설계되어 있다. 희소성이 욕구를 강화한다. 문제는 이 메커니즘이 연애에 그대로 적용될 때, 나를 힘들게 하는 사람을 나를 설레게 하는 사람과 구분하지 못하게 만든다는 것이다.

나를 편하게 대해주는 사람보다 나를 불안하게 만드는 사람에게 더 끌린다. 관심을 줬다 거뒀다 하는 사람, 답장이 느린 사람, 잡힐 듯 잡히지 않는 사람. 그것이 설렘처럼 느껴진다. 안정적으로 관심을 주는 사람은 오히려 심심하게 느껴진다. 이것이 취향이나 성격의 문제가 아니다. 도파민 시스템이 불확실성에 반응하는 방식이다.

피셔는 이 사실을 알아도 즉각적으로 달라지지 않는다고 했다. 이성보다 빠르게 작동하는 시스템이기 때문이다. 하지만 적어도 구분할 수 있다. 지금 이 강렬한 끌림이 그 사람의 가치 때문인지, 아니면 뇌가 장애물에 반응하는 것인지.

지금 가장 강하게 끌리는 사람을 떠올려보라. 그 끌림이 가장 강해지는 순간이 언제인가. 그 사람과 함께 있을 때인가, 아니면 그 사람의 연락이 없을 때인가. 후자라면, 당신이 느끼는 것은 그 사람에 대한 감정이 아니라 뇌가 장애물에 반응하는 것일 수 있다.

실연의 뇌과학

피셔는 실연을 당한 사람들도 fMRI로 찍었다. 헤어진 연인의 사진을 보여줬다. 뇌의 활성화 패턴이 중독의 금단 증상과 유사했다. 실연이 비유적으로 아픈 것이 아니다. 뇌가 실제로 금단에 가까운 상태를 겪고 있다. 도파민 공급이 갑자기 끊겼기 때문이다. 매일 투여되던 약이 사라진 것이다.

그래서 실연 후 자꾸 연락하고 싶고, 우연히 마주치길 바라고, 상대의 SNS를 반복해서 보게 된다. 의지력이 약해서가 아니다. 뇌가 약을 찾고 있는 것이다. 실연 후에 세벽에 상대 인스타그램을 들여다본 경험이 있는가. "안 봐야지" 하면서도 보게 되는 것. 상대의 새 게시물에 다른 사람이 태그된 걸 보고 심장이 내려앉는 것. 핸드폰을 내려놓고 천장을 보다가, 5분 뒤에 다시 드는 것. 그 순간 당신의 이성은 뇌의 속도를 따라가지 못하고 있다. 금단 증상 중인 뇌가 도파민을 찾는 행동을 반복하고 있는 것이다.

실연 후 연락하고 싶은 충동이 생겼다면, 그 순간을 넘겨보라. 충동이 줄어든다면 그 감정의 상당 부분은 도파민 반응이었을 수 있다. 기다리는 것이 의지력의 문제가 아니라 뇌가 정상화되는 시간이라는 것을 알면, 조금 더 견딜 수 있다.

왜 사랑은 18개월 뒤에 식는가

처음엔 그 사람의 문자 하나에 하루가 달라졌다. 만나는 날은 아침부터 설렜다. 그런데 시간이 지나면서 달라졌다. 나쁜 것은 아닌데 예전 같지 않다. 피셔의 연구에 따르면 끌림 시스템의 강도는 대체로 12개월에서 18개월 사이에 크게 줄어든다. 길어봤자 3년이다.

뇌는 새로운 자극에 강하게 반응하고, 반복되는 자극에는 반응을 줄인다. 처음 만났을 때 도파민을 대량으로 분비하던 뇌가, 시간이 지나면서 같은 자극에 같은 양을 분비하지 않는다. 익숙해지는 것이다. 이것을 신경과학에서는 습관화habituation라고 부른다.

이것이 "사랑이 식었다"는 경험의 실체다. 상대가 변한 것도, 당신의 감정이 거짓이었던 것도 아니다. 끌림 시스템이 평상 상태로 돌아온 것이다. 세 개의 스위치 중 하나가 자연스럽게 꺼진 것이다. 문제는 여기서 생긴다. 끌림에만 익숙한 사람은 그것이 사라지는 순간 "사랑이 끝났다"고 판단한다. 그리고 새로운 끌림을 찾아 떠난다. 새로운 관계에서도 12개월에서 18개월이 지나면 같은 일이 반복된다.

하지만 끌림이 식은 자리에 애착 시스템이 들어올 수 있다. 옥시토신과 바소프레신이 만드는 깊은 유대감이 그 자리를 채우면, 관계는 다른 형태의 사랑으로 이행한다. 강렬하지는 않지만 안정적이다. 심장이 뛰지는 않지만 곁에 있으면 편하다. 끌림이 로켓이라면 애착은 땅이다. 로켓은 떨어지지만 땅은 남아 있다. 단, 이 이행이 자동으로 일어나지는 않는다.

좋아하는데 왜 설레지 않는가

세 시스템이 독립적이라는 것은 또 하나의 낯익은 현상을 설명한다. 깊이 좋아하는데 성적 끌림이 없는 경우가 있다. 반대로 성적 끌림은 강한데 그 이상의 감정은 생기지 않는 경우도 있다. 오래 사귀다 보면 편하고 좋은데 욕망이 사라지기도 한다. 하나의 '사랑'이라는 단어로는 설명이 안 되는 것들이다. 당신도 경험했을 수 있다. 정말 좋은 사람인데 손을 잡아도 아무 느낌이 없는 경우. 혹은 옆에 있으면 심장이 뛰는데 대화는 30분을 못 넘기는 경우. 왜 이런 일이 생기는가.

성욕은 테스토스테론과 에스트로겐이 만들고, 끌림은 도파민이 만든다. 다른 화학물질이다. 하나가 강하다고 나머지가 따라오지 않는다. 오래된 연인 사이에서 성적 긴장감이 줄어드는 것도 같은 구조다. 애착 시스템이 강해지면서 관계가 안정기에 접어들면, 성욕 시스템은 함께 줄어드는 경향이 있다. 관계가 나빠진 게 아니다. 뇌가 다른 단계로 이동한 것이다.

반대 방향도 있다. 신체적 접촉이 옥시토신 분비를 촉진하고, 옥시토신은 애착을 강화한다. 가까워지는 행위가 유대를 만든다. 의도했든 아니든. 그래서 "몸이 먼저"인 관계가 나중에 깊어지는 경우도 있고, "마음이 먼저"인 관계가 몸의 문제로 흔들리는 경우도 있다. 세 시스템은 서로 영향을 주지만, 서로를 보장하지는 않는다.

왜 하필 그 사람인가

———

피셔는 한 걸음 더 나아갔다. 끌림의 방향에도 패턴이 있다는 것이다. 무작위가 아니라는 것. 피셔는 도파민, 세로토닌, 테스토스테론, 에스트로겐 네 가지 뇌 화학물질이 각각 다른 성격 경향을 만든다고 봤다. 그리고 어떤 유형이 어떤 유형에게 끌리는지에 일정한 패턴이 있다는 것을 대규모 데이터에서 관찰했다. 도파민이 우세한 사람은 호기심이 많고 충동적이다. 이 유형은 같은 도파민 유형에게 끌린다. 서로의 에너지가 공명한다. 세로토닌이 우세한 사람은 안정을 원하고 계획적이다. 이 유형도 같은 유형에게 끌린다. 같은 리듬, 같은 가치관.

반면 테스토스테론 유형과 에스트로겐 유형은 서로 반대에게 끌린다. 하나는 논리적이고 직접적이고, 다른 하나는 공감 능력이 높고 직관적이다. 자신에게 없는 것을 가진 상대에게 반응한다. 피셔는 이것이 '첫눈에 반하는' 현상을 일부 설명한다고 봤다. 처음 만났을 때 우리는 무의식적으로 상대의 뇌 화학물질 패턴을 읽는다. 목소리, 움직임, 말하는 방식, 관심사. 이것들이 자신의 시스템과 공명하거나 보완할 때 뇌가 반응한다. 설명할 수 없는 끌림. 사실은 뇌가 무의식적으로 매칭한 결과일 수 있다.

한번 떠올려보라. 지금까지 끌렸던 사람들의 공통점. 외모가 아니라 분위기, 말하는 속도, 에너지의 높낮이. 거기에 패턴이 있다면, 그것은 취향이 아니라 당신의 뇌가 반응하는 화학적 신호다.

세 개의 스위치를 읽는 사람

당신 안에는 세 개의 스위치가 있다. 성욕, 끌림, 애착. 세 개가 같은 사람을 향할 때도 있고, 각각 다른 곳을 향할 때도 있다. 하나가 강하다고 나머지도 따라오지 않는다. 하나가 꺼졌다고 나머지까지 꺼진 것이 아니다.

끌림이 식었을 때 사랑이 끝났다고 판단하는 것은, 세 개의 스위치 중 하나만 보고 전체를 읽는 것이다. 설렘이 사라진 자리에 애착이 들어와 있을 수 있다. 반대로, 강렬한 끌림이 타오르고 있지만 그것이 장애물에 반응하는 도파민일 뿐, 그 사람에 대한 진짜 감정이 아닐 수도 있다.

피셔가 보여준 것은 사랑의 정체가 하나의 감정이 아니라는 것이다. 세 개의 시스템이 각자의 속도로, 각자의 방향으로 작동하고 있다. 그것을 아는 사람은 끌림에 휩쓸릴 때 자신이 휩쓸리고 있다는 것을 안다. 끌림이 식었을 때 끝이 아니라 하나의 스위치가 꺼진 것임을 안다. 세 개의 스위치를 읽을 수 있는 사람만이, 지금 이 감정의 정체를 볼 수 있다.

• 『왜 우리는 사랑에 빠지는가』 사랑의 뇌과학을 다룬 피셔의 대표작 　난이도 ★★☆☆☆

Helen
Fisher

헨드릭스의
이마고 이론

네가 끌리는 사람은 부모의 그림자다

02

Harville Hendrix

매번 다른 사람을 만났다고 생각했는데, 돌아보면 상처받는 방식은 비슷했다. 우연이 아니다. 헨드릭스의 심리학을 안다는 것은 '이마고'라는 개념을 외우는 게 아니다. 지금의 끌림이 어린 시절에 만들어진 지도 위에서 작동하고 있다는 것을 보는 것이다.

왜 항상 같은 방식으로 상처받는가

————

전 연인과 헤어지고 얼마 지나지 않아 새로운 사람을 만났다. 분위기가 달랐다. 전 연인은 말이 많았고 이 사람은 조용했다. 전 연인은 즉흥적이었고 이 사람은 계획적이었다. 이번엔 다를 것 같았다. 6개월이 지났다. 이상하게 같은 느낌이 들기 시작했다. 상처받는 방식이 비슷했다. 멀어지는 패턴이 비슷했다. 겉모습은 달랐는데, 느낌은 똑같았다.

몇 번을 반복했다. 매번 다른 사람을 만났다고 생각했는데, 돌아보면 비슷한 사람이었다. 비슷한 방식으로 끌렸고, 비슷한 방식으로 상처받았고, 비슷한 방식으로 끝났다. 이게 타입인가. 내가 뭔가 잘못된 건가. 아니면 그냥 재수가 없는 건가.

하빌 헨드릭스Harville Hendrix는 재수가 아니라고 말한다. 패턴이라고 말한다. 그리고 그 패턴이 처음 만들어진 것이 연애를 시작하기 훨씬 전이라고. 당신이 기억조차 하지 못하는 시절이라고.

수천 쌍의 커플에게서 발견한 하나의 공식

————

헨드릭스는 미국의 부부치료 전문가다. 수천 쌍의 커플을 치료하면서 하나의 패턴을 발견했다. 처음에는 우연인 줄 알았다. 하지만 너무 반복됐다. 사람들은 자기도 모르게 어린 시절 양육자의 특성을 가진 사람에게 끌린다. 아버지가 감정적으로 거리를 뒀다면, 감정적으로 거리를 두는 파트너를 찾는다. 어머니가 과잉 간섭했다면, 통제적인 파트너를 끌어들인다. 양육자가 따뜻했다가 냉담해지는 패턴을 반복했다면, 감정 기복이 심한 파트너에게 끌린다.

헨드릭스는 이것을 이마고^{Imago}라고 불렀다. 라틴어로 '이미지'라는 뜻이다. 어린 시절 양육자들이 남긴 복합적인 인상. 그것이 무의식적으로 끌리는 사람의 원형이 된다. 그리고 이 끌림에는 목적이 있다. 무의식이 어린 시절 채워지지 못한 것을 이번에는 채우려고 시도하는 것이다. 아버지에게 받지 못한 인정을 이 사람에게서 받으려 한다. 어머니에게 받지 못한 따뜻함을 이 사람이 줄 거라고 무의식이 믿는다.

"당신의 무의식은 파트너를 당신의 부모와 혼동하고 있다. 어린 시절의 상처를 치유해줄 이상적인 후보자를 드디어 찾았다고 믿으면서."

—『세계 최고의 커플테라피 이마고』

사랑의 지도는 네 살 때 그려졌다

───

이마고는 태어나는 순간부터 만들어지기 시작한다. 아이는 세상을 양육자를 통해 배운다. 사랑이 어떻게 생겼는지, 관계가 어떻게 작동하는지, 필요할 때 누군가가 거기 있는지 없는지. 이 경험들이 쌓이면서 하나의 지도가 만들어진다. '사랑이란 이런 것이다'라는 지도.

문제는 이 지도가 완벽한 부모를 모델로 만들어지지 않는다는 것이다. 세상에 완벽한 부모는 없다. 모든 부모는 어딘가가 부족하고, 어딘가가 상처를 준다. 때로는 의도치 않게. 때로는 자신의 상처를 그대로 전달하면서. 아이는 그 부족함과 상처를 관계의 정상적인 일부로 학습한다. 사랑받는 것이 동시에 상처받는 것이라고. 가까워지는 것이 동시에 불안한 것이라고.

그리고 이 지도를 들고 성인이 된다. 당신의 지도를 한번 들여다보라. 어린 시절 부모와의 관계에서 가장 아팠던 순간이 뭐였는가. 아버지가 약속을 안 지킨 것. 어머니가 감정을 무시한 것. 관심을 받다가 갑자기 거둬진 것. 그 장면을 떠올렸으면, 이제 최근 연애에서 가장 아팠던 순간을 떠올려보라. 놀랍도록 비슷하지 않은가.

이마고는 상처만 담고 있지 않다. 양육자의 긍정적인 특성도 포함한다. 따뜻함, 유머, 안정감. 처음 누군가에게 끌릴 때 그 사람의 어떤 면이 빛나 보이는 순간이 있다. 그것도 이마고의 일부다. 어린 시절 양육자에게서 받은 좋은 것들이 그 사람에게 투영되는 것이다.

문제는 이마고가 긍정과 부정을 하나의 묶음으로 가지고 있다는 점이다. 처음엔 긍정적인 면만 보인다. 시간이 지나면 부정적인 면이 드러난다. "이 사람이 이런 사람인 줄 몰랐다"는 실망이 온다. 하지만 몰랐던 게 아니다. 무의식은 처음부터 알고 있었다. 긍정과 부정을 한 묶음으로 골랐다.

지금까지 사귀었던 사람들을 떠올려보라. 겉모습이 아니라 관계의 패턴으로. 어떤 방식으로 상처받았는가. 어떤 지점에서 멀어졌는가. 그리고 어린 시절 부모와의 관계에서 비슷한 패턴이 있었는가. 우연이라고 생각했던 것이 패턴이라면, 그 시작이 어디인지 한 번은 봐야 한다.

상처를 치료해줄 것 같은 사람이 상처를 준다

이마고가 긍정과 부정의 묶음이라면, 왜 우리는 유독 부정적인 쪽에 강하게 반응하는가. 헨드릭스는 여기서 한 단계 더 들어간다. 한 여성의 이야기를 따라가보자. 아버지는 바쁜 사람이었다. 사랑하지 않은 건 아니었을 것이다. 하지만 아이의 감정에 관심을 기울이지 않았다. 울어도 "뭐가 그래"였고, 화가 나도 "그만해"였다. 아이는 학습했다. 내 감정은 중요하지 않다. 관심을 받으려면 더 노력해야 한다.

성인이 된 그녀는 감정적으로 거리가 있는 남자에게 끌린다. 관심을 줄 듯 말 듯 한 사람. 그 사람이 가끔 자기를 돌아봐줄 때, 가슴이 뛴다. 아버지가 한 번씩 안아줬을 때와 같은 감각이다. 이 사람이 나를 진짜로 봐주면, 어린 시절의 공백이 채워질 것 같다. 하지만 현실은 반대로 흐른다. 감정에 무심한 사람은 쉽게 달라지지 않는다. 같은 상처가 반복된다. 무의식은 계속 시도하고, 계속 실패하고, 계속 같은 사람을 찾는다.

"당신의 파트너는 당신이 어린 시절 상처받은 바로 그 방식으로 당신에게 상처를 줄 운명이었다."

—『세계 최고의 커플테라피 이마고』

잔인하게 느껴질 수 있다. 하지만 헨드릭스가 말하려는 것은 운명론이 아니다. 패턴을 보면, 패턴 밖으로 나갈 수 있다

낭만적 사랑이라는 함정

헨드릭스는 연애에 단계가 있다고 봤다. 그리고 대부분의 관계가 무너지는 지점이 어딘지를 정확히 짚었다. 첫 번째 단계는 낭만적 사랑이다. 처음 만났을 때의 설렘. 완벽해 보이는 상대. 이 사람이 나의 모든 것을 채워줄 것 같은 느낌. 헨드릭스는 이 단계를 "자연이

설계한 함정"이라고 불렀다. 이 황홀함이 없으면 아무도 관계를 시작하지 않을 것이기 때문이다. 문제는 이 단계가 반드시 끝난다는 것이다. 상대의 단점이 보이기 시작한다. 그리고 이상한 일이 일어난다. 처음엔 매력이었던 것이 정확히 결점으로 뒤집힌다. 자유롭다고 생각했던 것이 무책임으로 보이기 시작한다. 열정적이라고 느꼈던 것이 통제적으로 느껴지기 시작한다. 안정적이라고 좋아했던 것이 지루함이 된다.

왜 정확히 뒤집히는가. 이마고의 긍정 면과 부정 면이 동전의 양면이기 때문이다. 무의식이 고른 특성은 빛과 그림자를 함께 갖고 있다. 처음엔 빛만 보였다. 시간이 지나면 그림자가 드러난다. 많은 커플이 이 지점에서 갈라진다. 실망하고, 서로를 탓하고, 떠난다. 새로운 사람을 만난다. 또 낭만적 사랑의 단계를 거친다. 또 같은 지점에서 같은 방식으로 상처받는다. 상대는 바뀌었는데 극본은 그대로다.

각자의 어린 시절과 싸우는 두 사람

헨드릭스는 커플 치료를 하면서 같은 구조를 반복적으로 봤다. 갈등의 내용은 달랐지만, 갈등의 구조는 같았다. 한 사람이 상처받는다. 그 상처를 공격으로 표현한다. 상대는 방어하거나 반격한다. 원래 상처는 해결되지 않은 채 갈등만 커진다.

당신의 가장 최근 싸움을 떠올려보라. 시작은 사소한 것이었을 것이다. 설거지, 연락 빈도, 약속 시간. 하지만 감정은 사소하지 않았다. 상대의 말 한마디에 폭발했다. 폭발하고 나서 스스로도 놀랐을 수 있다. "왜 이렇게까지 화가 났지?" 그 반응이 지금 상황에 비례하지 않았다면, 지금 일어나는 일이 아니라 오래된 무언가가 건드려진 것이다.

두 사람이 싸우는 것처럼 보이지만, 사실은 각자 자신의 어린 시절과 싸우고 있다. 지금의 파트너가 상처를 주는 방식이 양육자가 상처를 줬던 방식과 겹칠 때, 반응이 과도해진다. 5점짜리 자극에 50점짜리 반응이 나온다. 그 45점은 과거에서 온 것이다.

헨드릭스는 이것을 알면 싸우는 방식이 달라진다고 봤다. "당신이 그렇게 할 때 나는 어릴 때처럼 느껴진다"고 말할 수 있게 된다. 지금 일어나는 일과 오래된 상처를 분리하는 것. 상대를 적으로 보는 대신, 함께 상처를 들여다보는 것. 그것이 이마고 치료의 핵심이다.

최근 파트너와 크게 갈등한 순간을 떠올려보라. 그때 느낀 감정의 강도가 상황에 비례했는가. 비례하지 않았다면, 그 과잉 반응은 지금이 아니라 과거에서 온 것일 수 있다. 그 감정이 '처음' 느껴진 게 언제였는지 물어보라.

낭만적 사랑이 끝난 자리에서 시작되는 것

헨드릭스는 낭만적 사랑이 끝난 자리를 "의식적 파트너십"이 시작되는 곳이라고 불렀다. 대부분의 사람들은 낭만적 사랑이 끝나면 떠난다. 새로운 사람에게서 다시 시작한다. 하지만 헨드릭스는 여기에 역설이 있다고 봤다. 어린 시절 충족되지 못했던 욕구가 진짜 치유될 수 있는 곳은, 낭만적 사랑의 황홀경 안이 아니라 그것이 끝난 바로 그 자리라고.

착각이 걷히면 실제 상대가 보인다. 이상화된 이미지가 아니라 결점과 약함을 가진 실제 인간. 그 사람의 결점이 내 상처와 정확히 맞닿아 있다는 것을 안다. 그럼에도 함께하기로 선택하는 것. 무의식이 이끄는 대로 반응하는 대신, 눈을 뜨고 선택하는 것. 그것이 의식적 파트너십이다.

상대의 결점을 알면서도 함께하기로 선택할 때, 그 선택 자체가 어린 시절의 상처에 다른 답을 주기 시작한다. "이번에도 떠나겠지"라고 예상하던 무의식에게, "이번에는 남았다"는 경험을 주는 것이다.

반복을 끊는 자리

당신은 다음에는 다를 것이라고 생각한다. 이번에는 다른 사람이니까. 하지만 헨드릭스가 보여준 것은 상대가 바뀌어도 지도가 바뀌지 않는다는 것이다. 어린 시절에 만들어진 그 지도를 들고 있는 한, 끌리는 방향도, 상처받는 방식도, 멀어지는 패턴도 반복된다.

지도를 바꿀 수는 없다. 하지만 지도를 볼 수는 있다. 이 사람에게 왜 끌렸는지, 이 상처가 왜 이토록 아픈지, 이 패턴이 어디서 시작됐는지. 그것을 보는 순간, 처음으로 다른 선택이 가능해진다. 낭만적 사랑이 끝난 자리에서 떠니는 대신 머무는 것. 무의식이 고른 사람 앞에서, 이번에는 의식적으로 서는 것. 끌림의 정체를 아는 사람만이, 같은 자리를 맴돌지 않을 수 있다.

- 『세계 최고의 커플테라피 이마고』 커플 치료 고전. 책 자체가 치료 도구로 쓰인다 난이도 ★★☆☆☆

융의
아니마와 아니무스

무의식이 고르는 이상형

03

Carl Gustav Jung

왜 이 사람에게 끌리는지 나도 모르겠는 순간이 있다. 우리는 그것을 운명이라고 부르거나, 그냥 넘긴다. 융은 다르게 봤다. 당신이 끌리는 것은 상대가 아니라 당신 안에 억압된 무언가라고. 융의 심리학을 안다는 것은 '아니마·아니무스'라는 용어를 외우는 게 아니다. 끌림이 상대가 아니라 자기 안을 가리키고 있다는 것을 보는 것이다.

나는 절대 저런 사람 안 좋아한다고 했는데

분명히 말했다. 저런 타입은 아니라고. 너무 감정적인 사람은 피곤하다. 즉흥적인 사람은 믿음이 안 간다. 말이 많은 사람은 진이 빠진다. 나는 조용하고 안정적이고 예측 가능한 사람이 좋다. 이건 오래 생각해서 내린 결론이었다. 여러 번 데이고 나서 정리한 기준이었다. 그런데 그 사람은 딱 그 반대였다. 감정이 얼굴에 다 드러났다. 대화가 어디로 튈지 몰랐다. 조용한 자리가 없었다. 처음 만났을 때 속으로 생각했다. 나랑 안 맞는 유형이다.

이상했다. 맞지 않는다고 결론 냈는데 왜 생각이 나는가. 며칠이 지났다. 여전히 생각이 났다. 다시 만났을 때, 심장이 빨라지는 걸 느꼈다. 이걸 어떻게 설명해야 하는지 몰랐다. 취향을 배신당한 느낌이었다.

카를 융Carl Gustav Jung은 이것이 배신이 아니라고 말한다. 당신이 그 사람에게 끌리는 이유는 그 사람이 당신의 기준과 맞지 않아서가 아니다. 당신이 오랫동안 자신 안에 가두어 두었던 무언가를 그 사람이 구현하고 있기 때문이라고.

프로이트와 결별한 남자

융은 스위스의 정신의학자다. 프로이트의 제자로 출발했지만, 결정적인 지점에서 갈라졌다. 프로이트는 무의식을 억압된 개인 경험의 저장고로 봤다. 어린 시절의 기억, 충족되지 못한 욕구, 트라우마. 개인의 역사가 무의식의 전부였다.

융은 더 깊은 층위가 있다고 봤다. 개인을 넘어, 인류 전체가 공유하는 무의식. 집단 무의식^{collective unconscious}. 인류가 수십만 년에 걸쳐 반복해온 경험들이 패턴으로 굳어진 것이다. 어머니, 영웅, 현자. 이것들을 융은 원형^{archetype}이라고 불렀다.

그리고 사랑과 끌림을 설명하는 두 가지 원형이 있다. 아니마^{Anima}와 아니무스^{Animus}.

당신 안의 또 다른 성별

아니마는 남성의 무의식 안에 있는 여성적 심상이다. 아니무스는 여성의 무의식 안에 있는 남성적 심상이다. 남성은 자라면서 남성성을 강화하도록 훈련받는다. 감정을 억누르라. 취약함을 숨겨라. 강해야 한다. 울면 안 된다. 이 과정에서 감수성, 공감 능력, 부드러움 같은 것들이 무의식으로 밀려난다. 없어진 게 아니다. 안 보이는 곳으로 간 것이다. 그것이 아니마다.

여성도 마찬가지다. 독립성, 결단력, 공격성, 논리적 냉철함 같은 것들을 억압하도록 훈련받는다. 조용해야 하고, 배려해야 하고, 부드러워야 한다. 억압된 것들이 무의식으로 간다. 그것이 아니무스다. 그리고 억압된 것은 사라지지 않는다. 무의식 안에 살아 있다. 밖에서 그것과 닮은 무언가를 만나면 강하게 반응한다.

"남성의 아니마는 그의 모든 여성적 심리적 경향들의 인격화다. 막연한 감정과 기분, 예언적 직관, 자연과 신에 대한 수용성, 그리고 무엇보다 사랑하는 능력."

—『인간과 상징』

융 젭티의 처음으로 돌아가보자. 감정적이고 즉흥적인 사람에게 끌린 그 순간. 당신은 그 사람의 매력에 반응한 것이 아닐 수 있다. 당신이 오래 억눌러온 당신 자신의 감수성이, 그 사람 안에서 자유롭게 살고 있는 걸 보고 반응한 것이다.

끌림의 네 단계

융은 아니마와 아니무스가 발달 단계를 가진다고 봤다. 자신의 내면을 어느 수준에서 인식하고 있느냐에 따라, 끌리는 대상이 달라진다.한번 따라가보라. 지금까지 당신이 끌렸던 사람들이 어느 단계에 있었는지.

첫 번째 단계 — 원초적 끌림

가장 원초적인 형태다. 남성은 돌봐주고 감싸주는 여성에게 끌린다. 어머니 같은 존재(에바). 여성은 강하고 보호해줄 것 같은 남성에게 끌린다. 벽이 되어줄 존재(타르잔). 둘 다 상대에게 의존하려 한다. 끌림의 핵심이 "이 사람이 나를 지켜줄 것이다"에 있다.

두 번째 단계 — 외적 매력

외적 매력의 단계다. 남성은 미적 아름다움에 강하게 끌리고 그것을 이상화한다(헬렌). 여성은 행동력과 능력에 끌리고 그것을 이상화한다(헤밍웨이). 상대의 내면보다 겉에서 보이는 것에 집중한다. 화려하지만 관계의 깊이를 만들기 어렵다. 상대가 바뀌어도 끌리는 이유는 같다.

세 번째 단계 — 내면의 깊이

영적·도덕적 차원이 더해진다. 남성은 외모 너머의 헌신과 정서적 깊이에 끌린다(마리아). 여성은 힘 너머의 지성과 언어에 끌린다(교수). 겉이 아니라 안에 반응하기 시작한다. 정서적 연결과 의미가 끌림의 중심이 된다.

네 번째 단계 — 통합

가장 성숙한 형태다. 남성의 아니마는 내면의 지혜로 통합된다 (소피아). 여성의 아니무스도 내면의 방향성으로 통합된다(간디). 이 단계에서 아니마와 아니무스는 더 이상 특정한 상대에게 투사되지 않는다. 상대에게서 반쪽을 찾으려는 충동이 사라진다. 처음으로 상대를 있는 그대로 볼 수 있게 된다.

대부분의 사람은 첫 번째나 두 번째 단계에 머문다. 그 단계에서 끌리는 사람을 만나 사랑에 빠지고, 투사가 걷히면 실망하고, 다시 같은 단계에서 다른 사람을 찾는다. 융은 네 번째 단계로 나아가는 것이 의식적인 내면 작업 없이는 어렵다고 봤다.

> **INSIGHT**
>
> 당신이 반복적으로 끌리는 사람의 유형을 떠올려보라. 어느 단계에서 끌림이 작동하는가. 외모인가, 돌봄인가, 내면적 깊이인가. 그리고 물어보라. 그 끌림이 상대를 향한 것인가, 내 안에서 억압된 것을 향한 것인가.

"운명"이라는 착각의 구조

아니마·아니무스 투사가 가장 강렬하게 작동할 때, 사람들은 그것을 운명이라고 부른다. 이런 경험이 있을 것이다. 처음 만났는데 낮설지 않다. 오래 알던 사람 같다. 설명할 수 없는 친숙함. "이 사람이다"라는 확신. 융에 따르면 낯설지 않은 이유는 이미 알고 있기 때문이다. 그 사람을 안다는 뜻이 아니다. 그 사람이 구현하는 것을 안다는 뜻이다. 수십 년 동안 자신의 무의식 안에 품고 있던 아니마·아니무스의 이미지와 그 사람이 겹치는 것이다. 내 안에 있던 것을 밖에서 만난 것이니 당연히 친숙하다.

이것이 처음 끌림이 그토록 강렬한 이유다. 실제 상대의 매력만이 아니라 자신의 내면에 억압된 모든 것이 그 사람에게서 보이기 때문이다. 더 불편한 것은 이 패턴이 반복된다는 점이다. 아니마·아니무스를 의식화하지 않으면, 같은 이미지를 구현하는 다른 사람을 만날 때마다 "이번엔 진짜다"라는 확신이 또 온다. 운명의 상대를 찾아다니는 사람들이 항상 비슷한 유형의 사람과 비슷한 방식으로 끝나는 이유다.

투사가 걷힐 때 관계가 무너지는 이유

투사는 영원하지 않다. 시간이 지나면 걷힌다. 그리고 그때 많은 관계가 무너진다. 과정은 이렇다. 처음에는 상대에게서 자기 안의 억압된 것을 본다. 강렬하게 끌린다. 이 사람이 나를 완성해줄 것 같다. 그런데 함께하는 시간이 쌓이면 실제 상대가 보이기 시작한다. 내가 투사한 이미지와 다르다. 기대했던 것이 없다.

"이 사람이 변했다"고 생각한다. 하지만 변한 것은 상대가 아니다. 투사의 안경이 벗겨진 것이다. 처음부터 상대는 그랬다. 내가 보지 않았을 뿐이다. 당신도 이런 경험이 있을 것이다. 처음엔 자유로워 보였던 사람이 나중엔 무책임해 보이는 것. 처음엔 강해 보였던 사람이 나중엔 차가워 보이는 것. 처음엔 따뜻했던 사람이 나중엔 집착하는 것처럼 느껴지는 것. 정확히 뒤집힌다. 왜? 투사가 걷히면 같은 특성이 다른 얼굴로 보이기 때문이디.

융은 이 순간을 관계의 위기이자 기회로 봤다. 투사가 걷히는 순간이 실제 상대를 처음으로 만나는 순간이기 때문이다. 문제는 많은 사람이 이 순간에 떠난다는 것이다. "내가 봤던 그 사람이 아니야"라면서. 맞다. 당신이 봤던 그 사람은 처음부터 없었다. 당신이 만든 이미지였다. 이제 진짜 사람이 거기 서 있다.

헤어지고 나서 더 아름다워지는 사람

이상한 현상이 있다. 사귀는 동안은 상대의 단점이 보였다. 짜증나는 습관, 답답한 대화 방식, 맞지 않는 부분들. 그래서 헤어졌다. 그런데 헤어지고 나니 그 사람이 갑자기 아름다워진다.

단점은 기억에서 희미해지고, 처음 만났을 때의 장면만 선명하게 남는다. 웃는 얼굴, 했던 말, 함께 걸었던 길. 시간이 지날수록 그 사람은 점점 더 완벽해진다. 다시 만나고 싶어진다. 후회가 밀려온다. "왜 그때 그렇게 했을까." 그런데 실제로 다시 만나면 어떻게 되는가. 대부분의 경우, 얼마 지나지 않아 또 같은 이유로 힘들어진다. 기억 속의 그 사람과 눈앞의 이 사람이 다르다.

함께 있는 동안 투사가 서서히 걷히면서 실제 상대가 보였다. 실망했다. 떠났다. 그런데 떠나는 순간, 투사가 다시 시작된다. 곁에 없으니 빈 공간이 생긴다. 그 빈 공간을 다시 아니마·아니무스가 채운다. 기억 속의 그 사람은 실제 사람이 아니라, 다시 투사된 이미지다. 그래서 더 아름답다. 존재하지 않는 사람이니까.

다시 만나면 투사가 또 걷힌다. 또 실망한다. 이 순환이 '미련'의 구조다. 미련은 상대를 향한 것이 아니다. 자기 안의 아니마·아니무스를 향한 것이다. 상대는 그것을 담는 그릇일 뿐이다. 그릇이 비면 다시 채우고, 채우면 또 깨진다.

끌림의 주도권을 되찾는 법

———

융의 해법은 상대를 바꾸는 것이 아니다. 투사를 의식화하는 것이다. 상대에게서 강렬하게 끌리는 것이 있다면, 그것이 내 안에 억압된 것이 아닌지 물어보라. 감수성에 끌린다면, 내 감수성을 내가 억압하고 있지 않은가. 결단력에 끌린다면, 내 결단력을 내가 부정하고 있지 않은가. 자유로움에 끌린다면, 내 자유를 내가 가두고 있지 않은가.

억압된 것을 자기 안에서 꺼내 인정하는 것. 융은 이것을 개성화 individuation라고 불렀다. 개성화가 일어나면 투사가 줄어든다. 상대에게서 반쪽을 찾으려는 충동이 약해진다. 처음으로 상대를 있는 그대로 볼 수 있게 된다.

남성이 자신의 감수성을 억압하지 않을 때, 감수성 있는 여성에게 맹목적으로 끌리는 패턴이 약해진다. 여성이 자신의 독립성을 억압하지 않을 때, 강한 남성에게 의존하는 패턴이 약해진다. 자기 안에서 이미 가지고 있는 것을, 더 이상 밖에서 찾지 않아도 되기 때문이다.

당신이 상대에게서 가장 강하게 끌리는 특성이 무엇인가. 그것이 당신 자신에게 없는 것인가, 아니면 있지만 억압해온 것인가. 억압해온 것이라면, 그것을 상대에게서 찾기 전에 자신에게서 꺼내보는 것이 가능한지 물어보라. 밖에서 찾는 반쪽이 안에 있을 수 있다.

투사 너머의 사랑

내일 당신은 누군가를 만날 것이다. 어쩌면 설명할 수 없는 끌림을 느낄 수도 있다. 처음 보는데 낯설지 않은 사람. 오래 알던 것 같은 사람. 심장이 빨라지는 사람. 그 순간 두 가지 길이 있다.

하나는 그 끌림을 그대로 따라가는 것이다. "이 사람이 운명이다." 강렬하다. 아름답다. 하지만 그 끝이 어디인지는 이미 여러 번 경험했다. 투사가 걷히고, 실망이 오고, 떠나고, 다시 같은 유형을 찾는다. 다른 하나는 그 끌림 앞에서 한 번 멈추는 것이다. 이 강렬함이 상대의 것인가, 내 안에서 온 것인가. 내가 이 사람에게서 보고 있는 것은 이 사람인가, 아니면 내가 오래 가둬둔 나 자신의 일부인가.

융은 두 번째 길을 택한 사람만이 투사 너머의 사랑을 할 수 있다고 봤다. 내가 만든 이미지가 아니라 실제 상대를 보는 사랑. 반쪽을 찾는 사랑이 아니라, 이미 온전한 두 사람이 서로를 있는 그대로 만나는 사랑.

• **『아이온』** 아니마·아니무스를 포함한 융의 자기 이론 원전　난이도 ★★★★☆
• **『인간과 상징』** 꿈, 무의식, 원형을 풀어낸다　난이도 ★★★☆☆
• **『융 심리학 입문』** 캘빈 홀 & 버논 노드비, 원전이 부담스럽다면 여기서 시작하라　난이도 ★★☆☆☆

Carl Gustav
Jung

지라르의
욕망의 삼각형

네가 원하는 건 그 사람이 아니라 타인의 욕망이다

04

Rene Girard

우리는 스스로 원한다고 믿는다. 내가 이 사람을 좋아하는 것이고, 내가 이 사람을 선택한 것이라고. 하지만 르네 지라르는 묻는다. 당신이 원하기 전에, 누군가 먼저 원하지 않았는가. 지라르의 철학을 안다는 것은 '모방 욕망'이라는 개념을 외우는 게 아니다. 지금 내가 원하는 것이 정말 내 욕망인지, 누군가의 욕망을 빌려온 것인지를 구별하는 것이다.

갑자기 달라 보이기 시작했다

———

3년을 같이 일했다. 특별히 의식한 적이 없었다. 그냥 동료였다. 점심을 같이 먹기도 했고, 회의에서 자주 마주쳤고, 가끔 야근도 같이 했다. 좋은 사람이라는 건 알았지만, 그 이상은 아니었다. 어느 날 다른 부서 사람이 말했다. "그 사람 진짜 매력 있지 않아요? 요즘 고백하려는 사람 있다던데." 그날 이후 달라졌다. 갑자기 그 사람이 눈에 들어오기 시작했다. 말하는 방식, 웃는 타이밍, 회의에서 의견을 내는 모습. 왜 진작 몰랐지 싶었다. 그 사람이 사무실을 지나갈 때 시선이 따라갔다. 함께 있는 시간이 다르게 느껴지기 시작했다.

잠깐 멈춰서 생각해보라. 이 사람은 3년 동안 변하지 않았다. 달라진 건 하나다. 누군가 다른 사람이 이 사람을 원한다는 정보가 들어온 것이다. 그 전에는 눈에 들어오지 않았다. 그 뒤로 달라 보이기 시작했다. 이것을 사랑이라고 부를 수 있는가? 르네 지라르^{Rene Girard}는 다르게 부른다. 욕망의 전염이라고.

소설에서 인간의 비밀을 읽다

———

르네 지라르의 출발점은 문학이었다. 프랑스 출신으로 미국 스탠퍼드 대학교에서 가르쳤던 그는 세르반테스, 스탕달, 플로베르, 도스토옙스키, 프루스트를 읽으면서 하나의 패턴을 발견했다. 위대한 소설의 주인공들은 스스로 욕망하지 않는다. 그들은 누군가의 욕망을 모방한다. 돈키호테는 아마디스 데 가울라라는 기사를 모델로 삼아 그가 원할 법한 것을 원한다. 스탕달의 줄리앙 소렐은 나폴레옹을 모방한다. 플로베르의 엠마 보바리는 소설 속 낭만적 인물들을 모방한다. 그들은 자기가 원하는 줄 안다. 하지만 실은 누군가가 먼저 원한 것을 따라 원하고 있다. 지라르는 여기서 구조를 발견했다. 욕망은 삼각형을 그린다는 것이다.

"인간의 욕망은 자발적이지 않다. 욕망은 항상 타인의 욕망을 모방한다. 우리는 타인이 원하는 것을 원한다."

— 『낭만적 거짓과 소설적 진실』

지라르는 이것이 소설 속 이야기가 아니라고 봤다. 인간 욕망의 본질적 구조라고.

욕망은 직선이 아니라 삼각형이다

———

우리는 욕망이 직선이라고 생각한다. 주체에서 대상으로. 내가 저 사람을 원한다. 하지만 지라르는 욕망이 삼각형이라고 말한다.

주체와 대상 사이에 항상 제3의 존재가 있다. 매개자^{mediator}. 주체에게 이 대상이 욕망할 만하다는 것을 알려주는 존재.

당신의 경험으로 확인해보자. 누군가에게 갑자기 끌린 적이 있다면, 그 직전에 무슨 일이 있었는지 떠올려보라. 그 사람이 갑자기 매력적으로 변한 건가, 아니면 그 사람을 둘러싼 맥락이 변한 건가. 친구가 "그 사람 괜찮다"고 말한 뒤에 달라 보이기 시작한 적. 다른 사람이 그 사람에게 관심을 보이자 갑자기 불안해진 적. SNS에서 그 사람이 다른 누군가와 찍은 사진을 보고 가슴이 내려앉은 적. 있다면, 그때 작동한 것은 끌림이 아니라 삼각형이다. 매개자가 등장한 것이다. 매개자의 욕망이 그 사람을 욕망할 만한 대상으로 만들었다. 그 사람이 변한 게 아니다. 맥락이 변한 것이다. 이것이 불편한 이유는 분명하다. 네가 원한다고 믿었던 감정이 사실은 타인에게서 왔다는 것을 의미하기 때문이다.

INSIGHT

지금 강하게 원하는 것이 있다면 물어보라. 그것을 원하게 된 계기가 무엇인가. 누군가 먼저 그것을 갖고 있거나, 원하고 있거나, 칭찬하는 걸 봤는가. 욕망의 출발점이 나인지 타인인지를 추적해보면, 놀랍도록 많은 욕망이 삼각형을 그리고 있다.

끌림의 구조

매개자가 가까울수록 욕망은 독이 된다

지라르는 매개자의 거리에 따라 욕망의 성질이 완전히 달라진다는 것을 발견했다. 매개자가 멀면 ― 역사적 인물이거나, 닿을 수 없는 존재이거나, 다른 세계의 사람이면 ― 욕망은 이상화의 방향으로 흐른다. 선망하지만 적대하지 않는다. 돈키호테가 중세 기사를 모방하듯. 그 기사는 경쟁자가 아니다. 모델이다. 하지만 매개자가 가까우면 완전히 달라진다. 같은 회사, 같은 동네, 같은 학교. 같은 대상을 두고 실제로 경쟁할 수 있는 위치에 있으면, 욕망이 경쟁으로 변한다.

당신도 이 차이를 체감한 적이 있을 것이다. 연예인의 연인이 부럽다고 느끼는 것과, 친구의 연인이 부럽다고 느끼는 것은 감각이 다르다. 연예인의 연인은 나와 경쟁할 수 없는 위치에 있다. 선망하지만 자신을 향한 화살이 아니다. 하지만 친구의 연인은 다르다. 경쟁이 가능했다는 사실이 욕망을 완전히 다른 성질로 바꾼다. 불편하고, 어딘가 억울하고, 때로는 분노가 섞인다. 같은 사람을 보는데 왜 감각이 다른가. 매개자의 거리 때문이다.

그리고 경쟁이 격화될수록 이상한 일이 일어난다. 대상보다 매개자에게 더 집착하기 시작한다. 처음엔 그 사람을 원했다. 그런데 어느 순간 그 사람보다 경쟁자를 더 의식하게 된다. 경쟁자가 무엇을 하는지, 어디까지 진행됐는지. 그 사람에 대한 욕망이 경쟁자를 이기려는 욕망으로 바뀌기 시작한다. 사랑으로 시작한 것이 승부로 변한다.

"두 사람이 같은 것을 원하면, 곧 세 번째, 네 번째가 따라온다. 대상은 잊히고 모방 갈등은 전반적인 적대감으로 변한다."

—『폭력과 성스러움』

질투의 진짜 구조

보통 질투를 이렇게 설명한다. 내가 상대를 사랑하기 때문에, 상대를 잃을까 봐 두려운 것이라고. 사랑의 부산물이라고. 지라르는 뒤집는다. 질투는 사랑의 부산물이 아니다. 질투가 사랑을 만드는 것이다. 오래 사귄 연인이 있다. 크게 설레지 않는다. 그런데 다른 누군가가 그 사람에게 관심을 보이기 시작했다. 갑자기 다시 보이기 시작한다. 설렘이 돌아온다. 그 사람이 변한 게 아니다. 매개자가 등장해서 욕망이 재점화된 것이다.

반대 방향도 있다. 연인이 생겼다. 행복하다. 그런데 전 연인이 잘 지내는 것을 봤다. 새로운 사람을 만나는 것 같다. 갑자기 전 연인이 그리워진다. 전 연인이 변한 게 아니다. 새로운 매개자가 등장해서 전 연인의 가치가 재평가된 것이다.

이 구조를 한 번 알면 모든 곳에서 보이기 시작한다. 소셜미디어가 이 구조를 극단으로 밀어붙인다. 끊임없이 타인의 욕망이 노출된다. 누가 어디를 갔고, 무엇을 먹고, 어떤 사람을 만났는지. 그것이 매개자가 되어 욕망을 생산한다. 가보지 않았으면 원하지 않았을 것을 원하게 만든다. 만나지 않았으면 신경 쓰지 않았을 사람을 신경 쓰게 만든다. 지라르의 언어로 말하면, 소셜미디어는 매개자의 공장이다.

지금 연인 혹은 관심 있는 사람을 향한 감정이 언제 가장 강해지는지 관찰해보라. 그 사람과 함께 있을 때인가, 다른 누군가가 그 사람에게 관심을 보일 때인가. 후자라면, 당신이 원하는 것이 그 사람인지 아니면 그 사람을 둘러싼 경쟁인지 한 번은 물어봐야 한다.

얻으면 식고, 잃으면 타오르는 이유

한번 따라가보라. 오랫동안 짝사랑한 사람이 있었다. 몇 달을 마음에 품었다. 용기를 냈다. 고백했다. 상대가 받아줬다. 기뻤다. 그런데 이상한 일이 일어났다. 사귀기 시작하고 며칠이 지나니까, 그전만큼 설레지 않았다. 일주일이 지나니까 그 사람이 "별거 아닌 것 같다"는 느낌이 슬쩍 들었다. 짝사랑할 때는 세상에서 가장 소중한 사람이었는데, 내 사람이 되니까 왜 시들해지는가.

지라르의 답은 냉정하다. 짝사랑은 삼각형이 완벽하게 작동하는 상태다. 상대는 나를 원하지 않는다. 거절의 가능성이 매개자 역할을 한다. "이 사람은 쉽게 얻을 수 없다"는 사실 자체가 욕망을 증폭시킨다. 그런데 상대가 나를 받아들이는 순간, 삼각형이 무너진다. 장애물이 사라진다. 매개자가 없어진다. 욕망을 만들던 구조가 해체된 것이다. 얻으면 식는다. 잃으면 타오른다. 이것은 상대의 가치가 변해서가 아니다. 삼각형의 구조가 변해서다.

더 잔인한 버전도 있다. 헤어지자고 했더니 상대가 매달린다. 매달리는 순간 식는다. 왜? 매달리는 사람에게는 장애물이 없다. 삼각형이 작동하지 않는다. 반대로 내가 매달렸는데 상대가 차갑게 나온다. 순간 더 원하게 된다. 장애물이 생겼기 때문이다.

경쟁이 극에 달하면 사랑은 증오가 된다

———

두 사람이 같은 대상을 원한다. 처음엔 대상을 향한 욕망이다. 그런데 시간이 지나면서 대상보다 경쟁자를 더 의식하기 시작한다. A가 원하기 때문에 B가 더 원하고, B가 더 원하기 때문에 A가 더 원한다. 욕망이 욕망을 먹고 자란다. 대상은 점점 이상화되고, 경쟁은 점점 격렬해진다. 그리고 결국 그 대상을 얻고 나면 시들해진다. 왜? 경쟁자가 사라졌기 때문이다. 욕망을 만들던 삼각형이 무너진 것이다.

때로는 더 극단으로 간다. 삼각관계가 격화될수록 두 경쟁자가 서로에게 집착한다. SNS를 감시하고, 일거수일투족을 추적하고, 분

노와 혐오가 쌓인다. 이미 대상은 뒷전이 됐다. 경쟁 자체가 목적이
된 것이다.

대상이 한쪽을 선택한다. 진 쪽은 대상이 아니라 이긴 경쟁자에
게 분노를 쏟는다. 사랑으로 시작한 것이 증오로 끝난다. 지라르는
이것이 처음부터 예정된 결말이라고 봤다. 처음부터 모방 구조 안에
있었기 때문이다. 모방이 욕망을 만들고, 욕망이 경쟁을 만들고, 경
쟁이 적대를 만든다.

"모방은 끊임없는 갈등의 원천이다. 한 사람의 욕망이 다른 사람
의 욕망을 복제하면, 필연적으로 경쟁으로 이어지고, 경쟁은 욕
망을 폭력으로 변환시킨다."

—『폭력과 성스러움』

"내 욕망"이라는 낭만적 거짓

———

우리는 사랑을 자발적인 것이라고 믿는다. 내가 저 사람을 선택
했고, 내가 저 사람을 원하고, 내 감정은 순수하게 내 것이라고. 지라
르는 이것을 "낭만적 거짓Romantic Deceit"이라고 불렀다.

낭만주의가 만든 신화다. 욕망은 내면에서 솟아오르는 순수한
것이라는 서사. 운명적인 사랑, 첫눈에 반하는 것, 이 사람이 아니면
안 된다는 확신. 전부 내 안에서 자발적으로 생긴 것이라는 믿음. 지

라르는 이것이 거짓이라고 말한다. 욕망은 항상 타인을 경유한다. 자발적 욕망은 환상이다.

위대한 소설들은 이 거짓을 해체한다고 지라르는 봤다. 돈키호 테는 자신이 모방하고 있었다는 것을 깨닫는 순간 환상에서 깨어난 다. 엠마 보바리는 소설 속 낭만을 현실에서 찾으려다 파멸한다. 지 라르가 이 책의 제목을 『낭만적 거짓과 소설적 진실』이라고 붙인 이 유다. 낭만주의는 욕망이 자발적이라는 환상을 만들고, 위대한 소설 은 그 환상을 폭로한다고.

당신이 지금 원한다고 믿는 것을 하나 골라보라. 그것을 원하게 된 최초의 순간을 추 적해보라. 순수하게 내 안에서 솟아온 것인가, 아니면 누군가가 먼저 그것을 원하거 나 가지고 있는 걸 본 뒤였는가. 후자라면, 그것은 당신의 욕망이 아니라 빌려온 욕 망일 수 있다.

빌려온 욕망 너머에 남는 것

내일 당신은 누군가를 볼 것이다. 어쩌면 갑자기 끌리는 순간이 올 수도 있다. 이유를 모르겠는 끌림. 설명할 수 없는 강렬함. 그 순간 지라르의 질문이 떠오를 것이다. 이것이 나의 욕망인가, 빌려온 욕 망인가. 완전히 자발적인 욕망이 가능한지, 지라르 자신도 확신하지 못했다. 인간은 근본적으로 모방하는 존재라고 봤다. 욕망의 완전한 순수성이란 없을지 모른다고.

하지만 하나는 할 수 있다. 욕망의 출처를 추적하는 것이다. 지금 이 끌림이 어디서 왔는지, 매개자가 누구인지, 경쟁이 욕망을 부풀리고 있지는 않은지를 보는 것이다. 지금 끌리는 사람을 떠올려보라. 다른 사람이 관심을 보인다는 말을 듣기 전에 끌렸는가. 그 말을 듣고 나서 끌렸는가. 그리고 한 가지만 더 물어보라. 매개자가 사라진 뒤에도, 경쟁자가 없어도, 아무도 그 사람을 원하지 않아도, 여전히 그 사람 곁에 있고 싶은가. 그 질문 앞에서 남는 것이 있다면, 그것은 빌려온 것만은 아니다.

지라르 더 읽기

- 『**낭만적 거짓과 소설적 진실**』 문학 분석을 통해 욕망의 구조를 해부한다　난이도 ★★★☆☆
- 『**폭력과 성스러움**』 모방 욕망이 집단 폭력으로 이어지는 구조　난이도 ★★★★☆

Rene
Girard

트리버스의
부모 투자 이론

남녀가 원하는 것이 다른 진짜 이유

05

Robert
Trivers

남자와 여자가 연애에서 원하는 것이 다르다는 건 누구나 느낀다. 그런데 왜 다른지를 물으면 대부분 "원래 그런 거 아니야?"에서 멈춘다. 로버트 트리버스는 거기서 멈추지 않았다. 트리버스의 진화생물학을 안다는 것은 '부모 투자'라는 개념을 외우는 게 아니다. 끌림에서 남녀가 다르게 움직이는 이유가 성격이 아니라 구조에 있다는 것을 보는 것이다.

같은 밤, 다른 계산

첫 만남이었다. 그는 괜찮다고 생각했다. 분위기도 좋고, 대화도 잘 됐다. 헤어질 때 연락처를 받았다. 집에 오는 길에 생각했다. 더 만나봐도 될 것 같다. 그녀도 괜찮다고 생각했다. 분위기도 좋고, 대화도 잘 됐다. 헤어질 때 연락처를 줬다. 집에 오는 길에 생각했다. 좀 더 알아봐야 할 것 같다. 같은 저녁을 보냈다. 같은 감각을 느꼈다. 그런데 그 이후의 판단이 달랐다. "더 만나봐도 될 것 같다"와 "좀 더 알아봐야 할 것 같다." 이 차이가 어디서 오는지 생각해본 적 있는가.

로비트 트리버스Robert Trivers는 이것이 개인차가 아니라고 말한다. 수억 년 진화가 만든 구조라고. 그리고 그 이유는 생각보다 훨씬 근본적인 곳에 있다.

한 편의 논문이 모든 것을 바꿨다

트리버스는 1972년 「부모 투자와 성선택」이라는 논문을 발표했다. 진화생물학 역사에서 가장 영향력 있는 논문 중 하나로 꼽힌다. 핵심은 한 문장으로 압축된다. 번식에 더 많이 투자하는 쪽이 까다롭게 고르고, 덜 투자하는 쪽이 경쟁한다.

"부모 투자란 한 자손에 대한 투자로, 다른 자손에 대한 투자 능
력을 감소시키는 것이다."

—「부모 투자와 성선택」

투자라는 단어가 핵심이다. 시간, 에너지, 위험, 기회비용. 인간
여성이 한 번의 번식에 투자하는 것은 9개월의 임신, 출산, 수유, 최
소 몇 년의 양육이다. 그동안 다른 번식 기회는 현저히 제한된다. 인
간 남성이 한 번의 번식에 투자하는 것은 이론적으로 수 분이다. 여
성의 투자는 남성의 수천 배다. 트리버스는 이 비대칭이 모든 것을
결정한다고 봤다.

투자의 비대칭이 만드는 것

당신이 투자자라고 생각해보라. 한 번의 투자에 전 재산의 90%
를 걸어야 한다면 어떻게 하겠는가. 신중하게 고를 것이다. 실사를
철저히 할 것이다. 확신이 없으면 넘어갈 것이다. 잘못 고르면 회복
이 거의 불가능하니까. 반대로, 한 번의 투자에 전 재산의 0.1%만 건
다면? 여러 곳에 분산 투자할 것이다. 하나가 실패해도 타격이 크지
않으니까. 기회를 넓게 추구하는 것이 합리적이다.

여성 입장에서 번식은 돌이킬 수 없는 투자다. 한 번 임신이 시작
되면 9개월이 묶인다. 잘못된 상대를 선택하면 그 비용을 고스란히

감당해야 한다. 자연선택은 신중한 여성을 선호했다. 상대의 유전적 질, 자원, 양육 의지를 꼼꼼하게 평가하는 여성이 더 성공적으로 번식했다. 그 신중함이 수백만 년에 걸쳐 강화됐다.

남성 입장에서 번식의 단위 비용은 낮다. 한 번의 실패가 치명적이지 않다. 자연선택은 기회를 넓게 추구하는 남성을 선호했다. 진화는 두 성에게 다른 심리를 만들었다. 여성에게는 신중함과 선택적 경향을. 남성에게는 기회 추구와 경쟁적 경향을. 그 첫 만남 이후 두 사람의 생각이 달랐던 건 거기서 시작된다. 개인차가 아니다. 진화가 각인한 심리적 경향이다.

연애에서 상대가 "왜 이렇게 신중한가" 혹은 "왜 이렇게 급한가"라고 느낀 적 있다면, 그것이 성격의 문제가 아닐 수 있다. 투자 비용이 다른 두 사람이 각자의 전략으로 움직이고 있는 것이다. 이것을 알면 상대가 달리 보인다.

선택하는 쪽과 경쟁하는 쪽

번식에 더 많이 투자하는 성이 짝을 선택하는 쪽이 된다. 덜 투자하는 성이 선택받기 위해 경쟁하는 쪽이 된다. 인간만의 이야기가 아니다. 공작새 수컷은 왜 저렇게 거대하고 화려한 꼬리를 가지고 있는가. 생존에는 불리하다. 포식자에게 눈에 잘 띄고, 도망치기도 어렵다. 하지만 암컷이 그 꼬리를 보고 선택한다. 선택받지 못하면 번식하지 못한다. 그래서 수컷은 목숨을 걸고 과시한다. 사슴 수컷의 거대한 뿔도, 개구리 수컷의 요란한 울음소리도 같은 구조다.

그런데 이 역할은 고정되어 있지 않다. 투자 비율이 역전되면 역할도 뒤집힌다. 해마를 보라. 해마는 수컷이 임신한다. 수컷의 투자 비용이 더 크다. 결과는? 해마 암컷이 과시 행동을 하고 수컷이 선택한다. 인간 사회에서도 남성이 양육에 더 많이 투자하는 문화권에서는 여성의 배우자 경쟁이 더 강해지는 경향이 나타난다. 역할이 성별에 고정된 것이 아니라 투자 비율에 따라 이동하는 것이다.

서로 다른 체크리스트

투자 비용이 다르면 선택 기준도 달라진다. 한번 떠올려보라. 당신이 누군가를 처음 만났을 때 가장 먼저 보는 것이 무엇인가. 그리고 주변 이성 친구들이 가장 먼저 보는 것이 무엇인가. 같은가, 다른가. 진화심리학 연구에서 공통적으로 나타나는 패턴이 있다. 여성이 배우자에게서 찾는 것은 자원 보유 능력, 사회적 지위, 안정성, 성실함이다. 높은 투자 비용을 감당하는 동안 지원을 제공할 수 있는 능력이기 때문이다. 남성이 배우자에게서 찾는 것은 신체적 건강의 신호들, 젊음, 대칭적인 외모다. 투자 비용이 낮은 쪽의 핵심 정보는 번식 가능성이고, 이것들이 그 지표이기 때문이다.

이것이 남성이 얕고 여성이 깊다는 뜻이 아니다. 각자가 처한 투자 비용의 구조가, 다른 정보를 중요하게 만든 것이다. 두 전략 모두 자신의 상황에서 합리적이다.

질투가 향하는 방향이 다르다

당신에게 물어보겠다. 두 상황 중 어느 쪽이 더 견디기 어려운가.

- A. 연인이 다른 사람과 하룻밤을 보냈다.
- B. 연인이 다른 사람과 깊은 감정적 유대를 쌓고 있다.

한번 솔직히게 답해보라. 그리고 주변에 다른 성별의 친구가 있다면 같은 질문을 해보라. 답이 다를 가능성이 높다. 연구에 따르면 남성은 신체적 불륜에 더 강하게 반응하는 경향이 있고, 여성은 감정적 불륜에 더 강하게 반응하는 경향이 있다. 왜인가.

여성 입장에서 파트너가 다른 사람과 감정적 유대를 형성하는 것은, 자원과 헌신이 다른 곳으로 이동할 위험을 의미한다. 번식 투자를 함께할 파트너를 잃을 수 있다. 그것이 더 위협적이다. 남성 입장에서 파트너의 신체적 불륜은, 자신이 양육하는 자녀가 자신의 자녀가 아닐 가능성을 만든다. 진화적으로 치명적인 위협이다.

물론 모든 개인이 이 패턴을 따르지는 않는다. 하지만 연인과 질투 때문에 싸울 때 서로가 왜 다른 지점에서 무너지는지가 보인다. 성격의 차이가 아니다. 진화가 각자에게 다른 민감함을 만들었기 때문이다.

수백만 개의 스와이프가 증명하는 것

———

트리버스의 이론이 50년 전 논문이라서 구식이라고 생각할 수 있다. 데이팅 앱의 데이터가 그렇지 않다는 것을 보여준다. 틴더의 내부 데이터에 따르면 남성 사용자는 여성보다 훨씬 높은 비율로 오른쪽으로 스와이프한다. 남성은 넓게 시도하고 여성은 좁게 선택한다. 매칭 이후에도 남성이 먼저 대화를 시작하는 비율이 압도적으로 높다. OkCupid의 데이터도 비슷한 패턴을 보였다. 여성이 매력적이라고 평가하는 남성의 비율이 남성이 매력적이라고 평가하는 여성의 비율보다 훨씬 낮았다. 수백만 명의 무의식적 행동이 트리버스가 50년 전에 쓴 것을 실시간으로 증명하고 있다.

"사귀고 나면 달라진다"의 구조

———

처음엔 그가 더 적극적이었다. 먼저 연락하고, 먼저 계획을 세우고, 만나자고 조르는 쪽이었다. 그런데 관계가 자리를 잡고 나서 달라졌다. 연락이 뜸해졌다. 만남의 주도권이 바뀌었다. 그녀가 더 많이 연락하고 있다. 왜 이런 일이 생기는가. 번식 투자가 적은 쪽이 경쟁한다는 구조에서, 관계가 확립되기 전 남성은 선택받아야 하는 위치에 있다. 그 단계에서 에너지가 상대에게 집중된다. 관계가 자리를 잡으면 그 압박이 줄어든다. 에너지의 방향이 달라진다.

여성 쪽에서는 반대 방향이 작동한다. 관계가 깊어질수록 투자가 쌓인다. 감정적 유대, 시간, 미래에 대한 기대. 투자가 쌓일수록 그 관계를 유지하려는 동기가 상해진다. 그래서 관계가 안정기에 접어들면 여성이 더 많이 연락하고 관계를 더 많이 유지하려 한다. 어느 쪽이 더 사랑하는지의 문제가 아니다. 각자의 투자 구조가 만드는 다른 행동 패턴이다. 이 패턴을 모르면 한쪽은 "변했다"며 배신감을 느끼고, 다른 쪽은 "왜 이렇게 집착하냐"고 느낀다.

트리버스라는 사람

로버트 트리버스는 정통 학자의 모습과 거리가 멀었다. 조울증을 가지고 있었고, 수십 년을 자메이카 빈민가에서 살았다. 현지 갱

단 조직원들과 어울리며 연구했고, 한때 미국 블랙 팬서 당원들과 함께 거리에 있었다. 미국 대학에서 강의하다가 자메이카로 사라지기를 반복했다. 자원이 희소하고, 위험이 크고, 선택의 여지가 없는 극한 환경에서 인간의 욕망과 전략을 관찰했다. 그 속에서 진화적 경향이 가장 날것으로 드러났다.

그는 사랑을 아름답게 포장하지 않았다. 번식 전략으로 봤다. 그리고 그 냉정한 시선으로 평생을 살았다.

구조를 아는 자의 선택

———

내일 당신은 누군가를 만날 것이다. 좋은 사람일 수 있다. 대화가 잘될 수 있다. 헤어질 때 연락처를 교환할 수 있다. 집에 오는 길에 생각할 것이다. "더 만나볼까, 좀 더 알아볼까." 그 판단이 어디서 오는지 이제 안다. 성격이 아니라 구조다. 수백만 년이 각인한 투자 비용의 차이가 그 판단을 만든다.

트리버스가 보여준 것은 우리가 어디서 왔는가다. 왜 남녀가 다르게 움직이는가. 왜 신중함과 적극성이 충돌하는가. 왜 관계가 안정되면 행동이 바뀌는가. 전부 구조다.

하지만 트리버스가 답하지 않는 질문이 있다. 구조를 알고 난 뒤, 어디로 갈 것인가. 진화가 각인한 경향을 따를 것인가, 거스를 것인가. 그것은 당신의 영역이다.

- 「Parental Investment and Sexual Selection」 이 챕터의 원전 논문 난이도 ★★★★☆
- 『**욕망의 진화**』 데이비드 버스, 37개 문화권 데이터로 쓴 진화심리학 고전 난이도 ★★☆☆☆

끌림의 구조

게일-섀플리의 매칭 이론

노벨상 받은 짝짓기 알고리즘

06

David Gale
Lloyd Shapley

최선을 다하면 최선의 결과가 온다고 믿는다. 연애에서도. 하지만 수학은 다르게 말한다. 어떤 자리에 서느냐가 어떤 노력을 하느냐보다 결과를 더 크게 바꾼다고. 게일-섀플리의 수학을 안다는 것은 '안정적 매칭'이라는 개념을 외우는 게 아니다. 사랑의 구조 안에서 누가 구애하고 누가 기다리는지, 그 위치의 비대칭을 보는 것이다.

최선을 다했는데 왜 안 되는가

———

한 남자가 있다. 좋아하는 사람이 생기면 최선을 다했다. 자주 연락했다. 만남을 챙겼다. 성실하게 대했다. 그런데 매번 결과는 같았다. 상대는 다른 사람을 골랐다. 그 사람은 자기보다 덜 애썼고, 덜 매달렸고, 솔직히 자기보다 나을 것도 없어 보였다. 그는 생각했다. 내가 부족한 건가. 아니면 상대가 이상한 건가. 그도 아니면 그냥 운이 없는 건가.

수학자 데이비드 게일David Gale과 로이드 섀플리Lloyd Shapley라면 이렇게 말했을 것이다. 당신의 노력이 부족한 게 아니라, 당신이 서 있는 자리가 잘못됐다고.

사랑을 수학으로 풀 수 있는가

———

1962년 게일과 섀플리는 「대학 입학과 결혼의 안정」이라는 논문을 발표했다. 제목은 점잖지만 내용은 파격적이었다. 어떻게 하면 모두가 안정적으로 짝지어질 수 있는가. 아무도 지금 파트너를 버리고 다른 상대와 맺어지려 하지 않는 상태를 만들 수 있는가. 그들은 이것을 안정적 매칭stable matching이라 불렀다. 그리고 어떤 조건에서

든 안정적 매칭이 반드시 존재한다는 것을 증명했다. 나아가 그것을 찾아내는 알고리즘까지 제시했다. 섀플리는 이 연구의 실제 적용을 밝혀낸 앨빈 로스와 함께 2012년 노벨 경제학상을 받았다. 게일은 2008년에 세상을 떠났다.

안정적 매칭이란 무엇인가

———

개념을 잡기 위해 따라가보라. 10명의 남성과 10명의 여성이 있다. 각자 상대 성별 전원을 선호도 순으로 줄 세워놨다. 이 20명을 10쌍으로 짝짓는 것이 목표다. A남성과 B여성이 짝이 됐다. 그런데 A남성은 C여성을 더 좋아하고, C여성도 현재 파트너보다 A남성을 더 좋아한다. 이 두 사람은 지금 짝을 버리고 서로에게 갈 이유가 생긴다. 매칭이 불안정하다.

안정적 매칭은 이런 쌍이 하나도 없는 상태다. "우리 둘 다 지금 파트너보디 시로를 너 원한다"는 쌍이 존재하지 않는 상태. 모두가 지금 자기가 얻을 수 있는 최선에 있는 상태. 이것을 현실로 번역하면 이렇다. 당신의 연인이 당신보다 더 원하는 사람이 있고, 그 사람도 자기 연인보다 당신의 연인을 더 원한다면, 그 관계는 불안정하다. 언제든 깨질 수 있다. 반대로, 서로가 서로에게 "지금 내가 맺을 수 있는 최선"이라고 느끼는 관계는 안정적이다.

알고리즘의 작동 방식

게일-섀플리 알고리즘은 이렇게 작동한다. 지연 수락 알고리즘 deferred acceptance algorithm이라고도 불린다.

1라운드

모든 남성이 자신의 1순위 여성에게 동시에 구애한다. 각 여성은 자기에게 온 남성들 중 가장 마음에 드는 한 명을 '보류'하고, 나머지는 거절한다. 보류는 확정이 아니다. 나중에 더 나은 상대가 오면 바꿀 수 있다.

2라운드

거절당한 남성들은 아직 구애하지 않은 여성 중 가장 선호하는 여성에게 간다. 각 여성은 지금 보류 중인 남성과 새로 온 남성을 비교해서, 더 나은 쪽을 남기고 나머지를 거절한다.

이 과정을 반복한다. 모든 사람이 짝을 이룰 때까지. 단순해 보인다. 하지만 알고리즘이 끝나면 반드시 안정적 매칭이 만들어진다. 게일과 새플리는 이것을 수학적으로 증명했다. 안정적 매칭은 항상 존재하며, 이 알고리즘은 항상 그것을 찾아낸다.

기다리는 쪽이 이길까, 움직이는 쪽이 이길까

직관적으로 생각하면 선택권을 가진 쪽이 유리해 보인다. 찾아오는 사람들 중에서 고르는 것이니까. 거절당할 위험도 없다. 기다리기만 하면 된다. 하지만 게일과 새플리의 수학적 증명은 정반대의 결론을 낸다. 구애하는 쪽이 이긴다.

구애하는 쪽은 자신의 1순위 상대부터 시작한다. 거절당하면 2순위로 간다. 또 거절당하면 3순위로 간다. 매번 자기가 원하는 최선을 향해 움직인다. 그러다 어딘가에서 받아들여진다. 이 과정에서 구애하는 쪽은 자신이 얻을 수 있는 안정적 파트너 중 최선을 얻는다.

기다리는 쪽은 다르다. 처음엔 여러 제안 중에서 고른다. 가장 마음에 드는 사람을 잡아둔다. 하지만 라운드가 지날수록 찾아오는 제안의 질이 떨어진다. 좋은 사람들은 이미 다른 곳에서 받아들여졌으니까. 기다리는 쪽은 자신이 받을 수 있는 안정적 파트너 중 최악을 받게 된다.

챕터의 처음으로 돌아가보라. 한 사람만 바라보며 성실하게 기다리던 그 남자. 문제는 성실함이 아니었다. 기다리는 자리 자체가 구조적으로 불리했다. 구애하고, 거절당하면 다음으로 넘어가고, 계속 부딪치는 쪽이 더 나은 결과를 가져간다. 거절은 실패가 아니다. 다음 라운드의 시작이다.

지금 연애에서 당신은 어느 쪽인가. 구애하는 쪽인가, 기다리는 쪽인가. 기다리는 쪽이라면, 그 기다림이 편안해서가 아니라 거절이 두려워서는 아닌가. 알고리즘은 말한다. 거절당할수록 자기 위치가 보인다. 거절이 쌓일수록 현실적인 최선이 어디인지 알게 된다.

보류당한다는 것

알고리즘에서 선택받는 쪽은 항상 보류한다. 확정하지 않는다. 더 좋은 제안이 오면 보류 중인 사람을 놓고 새 사람을 택한다. 낯설지 않은 상황이다. 분명 관심은 있어 보인다. 만남도 이어진다. 그런데 확답이 없다. 관계가 나아가지 않는다. 이 사람은 왜 결정을 안 하는가. 알고리즘이 답한다. 보류 중인 것이다. 더 나은 제안이 올 가능성을 열어두면서. 알고리즘상으로는 합리적인 전략이다. 보류하는 쪽은 현재 최선을 잡아두면서 더 나은 기회를 탐색할 수 있다.

하지만 보류당하는 쪽에는 비용이 있다. 기다리는 동안 다른 가능성을 탐색하지 못한다. 에너지가 한 곳에 묶인다. 가장 큰 비용은 따로 있다. 자기가 보류당하고 있다는 걸 모른다는 것. 알면 움직일 수 있다. 모르면 기다리다 소진된다.

보류가 길어진다면, 당신도 탐색을 계속하는 것이 알고리즘상 더 나은 전략이다. 상대가 더 나은 제안을 기다리는 동안 당신이 기다려줄 구조적 이유는 없다.

언제 선택해야 하는가 — 37% 법칙

최적 정지 문제Optimal Stopping Problem라는 게 있다. 평생 만날 수 있는 상대의 수가 정해져 있다고 치자. 너무 빨리 고르면 더 나은 사람을 놓친다. 너무 늦게까지 고르지 않으면 괜찮은 사람들이 다 지나간다. 최선의 선택은 언제 내려야 하는가.

수학적 답이 있다. 37% 규칙. 전체 후보의 처음 37%는 탐색 구간이다. 이 기간에는 누구도 선택하지 않는다. 기준을 세우는 시간이다. 37%가 지나면 결정 구간에 들어선다. 탐색 구간에서 만난 최고보다 나은 사람이 나타나는 순간, 그 사람을 선택한다. 더 기다리지 않는다.

이 전략이 최선의 상대를 고를 확률을 수학적으로 최대화한다. 그 확률은 약 37%다. 완벽하진 않다. 하지만 아무 전략 없이 고르는 것보다 훨씬 낫다.

이 모델은 앞 챕터의 게일-섀플리 알고리즘과는 다른 문제를 다룬다. 게일-섀플리는 양쪽 모두의 선호가 작동하는 쌍방 매칭이다. 37% 규칙은 내가 고르는 일방적 선택 문제다. 전제는 다르지만, 둘 다 같은 질문을 던진다. 언제, 어떻게 선택해야 하는가.

20세에서 40세 사이에 파트너를 찾는다고 가정하자. 만나는 사람의 수가 시간에 비례한다고 단순화하면, 처음 37%에 해당하는 약 27세까지는 탐색 구간이다. 이 기간에 만난 사람들로 기준을 잡는다. 27세 이후에 탐색 구간의 최고를 넘는 사람이 나타나면 선택한다.

물론 수학 모델일 뿐이다. 사람은 숫자가 아니고, 마음은 바뀌고, 타이밍이 어긋나는 일도 있다. 하지만 이 모델이 말하려는 핵심은 하나다. 탐색과 결정을 나눠라. 탐색만 하다 결정을 못 내리는 것도 실패고, 딤색 없이 너무 빨리 결정하는 것도 실패다. 37%는 자연상수 e(약 2.718)의 역수에서 나온다. 흥미로운 건 이 비율이 사랑의 타이밍에만 등장하는 게 아니라는 점이다. 직원을 뽑을 때도, 주차 자리를 고를 때도, 최적의 멈춤 지점은 같은 숫자로 수렴한다.

당신은 지금 탐색 구간에 있는가, 결정 구간에 있는가. 탐색 구간이라면 아직 기준을 세우는 중이다. 선택하지 않아도 된다. 결정 구간이라면 기준을 넘는 사람이 나타났을 때 멈춰야 한다. "더 나은 사람이 있을 것 같아서" 계속 탐색하는 것은 수학적으로도 최선이 아니다.

알고리즘이 포착하지 못하는 것

————

알고리즘에는 전제가 있다. 선호도가 고정되어 있다는 것이다. 1순위는 영원히 1순위이고, 5순위는 영원히 5순위라는 가정. 하지만 현실의 사랑은 그렇지 않다. 처음엔 별로였는데 알수록 좋아지는 사람이 있다. 대화를 거듭하면서 안 보이던 것이 보이기 시작한다. 반대로 처음엔 완벽해 보였는데 알수록 실망하는 사람도 있다. 선호도 자체가 관계 안에서 변한다.

알고리즘은 이 변화를 처리하지 못한다. 그리고 현실의 관계는 알고리즘처럼 리셋할 수 없다. 이미 쌓인 것들이 있고, 내린 결정들이 있고, 함께 보낸 시간이 있다. 알고리즘이 놓치는 것이 또 있다. 우연이다.

공통 지인 소개로 만났는데 알고 보니 3년 전에 이미 스쳤던 두 사람. 잘못 보낸 문자가 시작점이 된 관계. 취소하려던 약속을 어쩌다 나갔다가 만난 사람. 알고리즘은 이것을 계산하지 않는다. 그런데 사랑은 종종 그 계산 밖에서 시작된다. 수학은 최선의 전략을 알려준다. 하지만 최선의 전략이 최선의 결과를 보장하지는 않는다. 그리고 최선의 결과가 항상 전략에서 오지도 않는다.

계산 너머의 선택

내일 당신의 핸드폰에 알림이 울릴 것이다. 누군가에게서 온 메시지일 수 있다. 데이팅 앱의 매칭 알림일 수도 있고, 오래전 연락이 끊긴 사람의 문자일 수도 있다. 그 순간 당신 안에서 계산이 시작될 것이다. 이 사람이 지금 내가 맺을 수 있는 최선인가. 더 나은 사람이 올 가능성이 있는가. 기다려야 하는가, 선택해야 하는가. 게일과 섀플리는 그 계산의 구조를 보여줬다. 구애하는 쪽이 유리하다. 거절은 실패가 아니라 정보다. 기다리는 것은 편안하지만 구조적으로 불리하다. 탐색에는 끝이 있어야 하고, 결정에는 기준이 있어야 한다.

하지만 수학이 답하지 못하는 순간이 있다. 알고리즘상으로는 최선이 아닌데 이 사람 곁에 있고 싶은 순간. 선호도 목록에서 1순위가 아닌데 이 사람이 아니면 안 될 것 같은 순간. 더 나은 사람이 올 수 있다는 걸 알면서도 지금 이 사람을 선택하는 순간. 그 순간은 알고리즘의 바깥에 있다. 어쩌면 사랑은, 계산이 끝난 자리에서 계산을 넘어서는 그 선택 안에 있다.

게일-섀플리 더 읽기

- 「대학 입학과 결혼의 안정」 원전 논문   난이도 ★★★☆☆
- 『매칭』 앨빈 로스, 매칭 이론을 현실에 적용한 책   난이도 ★★☆☆☆

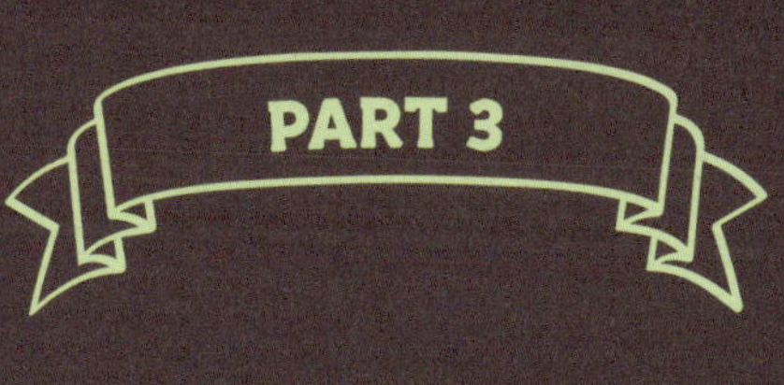

파국의 공식

관계는 왜 무너지는가

가트맨의
관계 공식

당신의 관계를 죽이는 네 가지 습관

01

John Gottman

싸우지 않는 커플이 행복한 커플이라고 생각하는가. 틀렸다. 가트맨의 40년 연구가 보여준 것은 정반대다. 모든 커플은 싸운다. 차이는 싸우느냐 안 싸우느냐가 아니라, 어떻게 싸우느냐다. 가트맨의 심리학을 안다는 것은 '묵시록의 4기사'를 외우는 게 아니다. 싸우는 내용이 아니라 싸우는 방식에서 관계의 진짜 상태를 읽는 것이다.

15분이면 안다

두 사람이 대화를 시작한다. 주제는 별것 아니다. 누가 설거지를 했는가, 약속 시간을 왜 잊었는가, 돈을 왜 또 썼는가. 일상의 마찰이다. 존 가트맨John Gottman은 이 대화를 녹화했다. 그리고 15분짜리 영상을 분석했다. 말의 내용이 아니었다. 표정, 목소리 톤, 몸짓, 말이 끊기는 방식. 그것을 숫자로 바꿨다. 그리고 예측했다. 이 부부가 몇 년 안에 이혼할 것인지 아닌지. 정확도는 가장 높은 경우 94%에 달했다. 15분이다. 설거지 이야기를 15분 하는 것만으로 이혼 여부를 맞춘다. 사람들은 물었다. 대체 무엇을 본 것인가. 답은 네 가지 패턴이었다.

사랑을 실험실에 넣은 남자

가트맨이 만든 사랑 실험실Love Lab은 워싱턴 대학교에 있었다. 아파트처럼 꾸민 공간이었다. 부부가 와서 평소처럼 대화를 나눈다. 그동안 심박수, 피부전도도, 표정 근육의 미세한 움직임이 동시에 측정됐다. 40년간 3,000쌍 이상의 데이터가 쌓였다. 가트맨 이전의 커플 연구는 대부분 인터뷰에 의존했다. "관계에 만족하시나요?" "갈등을 어떻게 해결하시나요?" 하지만 사람들은 실제와 다르

게 말한다. 자기 관계를 객관적으로 보는 사람은 거의 없다. 가트맨은 말 대신 행동을 봤다. 행동에서 패턴을 찾았다. 그리고 관계를 끝내는 네 가지 패턴에 이름을 붙였다. 묵시록의 네 기사Four Horsemen of the Apocalypse. 성경에서 종말을 알리는 존재들의 이름이다.

네 마리의 말이 온다

———

당신의 가장 최근 싸움을 떠올리며 읽어보라. 네 마리 중 몇 마리가 그 싸움에 있었는지 세어보라.

첫 번째 기사 — 비난Criticism

상대의 행동이 아니라 인격을 공격하는 것이다. "왜 또 늦었어?"는 불만이다. "당신은 항상 이기적이야"는 비난이다. "왜 이걸 안 했어?"는 불만이다. "당신은 무책임한 사람이야"는 비난이다. 차이가 보이는가. 불만은 행동을 문제 삼는다. 비난은 존재를 문제 삼는다. 행동은 바꿀 수 있다. 하지만 존재를 문제 삼으면 상대에게 바꿀 여지를 주지 않는 것이다. "당신이라는 사람 자체가 문제"라는 메시지. 이것을 들은 상대는 방어할 수밖에 없다.

두 번째 기사 — 경멸Contempt

네 기사 중 가장 치명적이다. 상대를 열등한 존재로 대하는 것.

비꼬기, 눈 굴리기, 냉소, 조롱. "그것도 못 해?" "당연히 그러겠지, 뭘 기대했겠어." 경멸은 "나는 당신보다 위에 있다"는 신호를 보낸다. 가트맨의 연구에서 경멸 하나만으로 이혼을 예측할 수 있었다. 단독으로 가장 강력한 지표였다. 경멸이 잦은 커플은 면역 기능까지 저하됐다. 관계의 독이 몸까지 망가뜨린 것이다.

"경멸은 사랑의 황산이다."

—존 가트맨

세 번째 기사 — 방어_{Defensiveness}

상대의 불만에 반격하는 것이다. "나만 그래? 당신은?" "내가 왜 그래야 해, 당신이 먼저 잘못한 거잖아." 자기를 보호하는 것처럼 보이지만, 실제로는 상대의 말을 차단하는 것이다. 상대는 자기 말이 닿지 않는다고 느낀다. 방어는 벽이다. 벽 니미로는 대화가 건너가지 않는다.

네 번째 기사 — 담쌓기_{Stonewalling}

대화를 아예 차단하는 것이다. 대답하지 않는다. 자리를 피한다. 핸드폰을 본다. 딴 곳을 바라본다. 폭발적인 싸움이 아니라 침묵으로 나타난다. 가트맨의 연구에서 담쌓기는 대부분 심리적으로 압도된 상태에서 나왔다. 감당이 안 되니까 차단하는 것이다. 덜 심각해

보이지만, 관계가 이미 한계에 도달했다는 신호다.

몇 마리가 있었는가. 하나도 없었다면 좋은 신호다. 둘 이상이었다면 패턴을 점검해야 한다. 넷 다 있었다면, 가트맨의 연구에 따르면 관계가 위험 신호를 보내고 있는 것이다.

최근 파트너와 부딪쳤던 순간을 떠올려보라. 네 가지 중 어느 것이 있었는가. 그리고 더 중요한 질문. 그 패턴이 이번이 처음인가, 반복되고 있는가. 한 번은 실수다. 반복되면 구조다.

사랑의 장부에는 잔액이 있다

행복한 커플과 불행한 커플의 차이는 갈등의 유무가 아니었다. 갈등은 모든 커플에 있었다. 차이는 비율이었다. 가트맨이 발견한 숫자가 있다. 5:1. 행복한 커플은 부정적인 상호작용 하나당 긍정적인 상호작용이 다섯 번 이상 있었다. 불행한 커플은 이 비율이 역전되어 있었다.

가트맨은 이것을 "감정 계좌emotional bank account"에 비유했다. 관계에는 계좌가 있다. 긍정적인 상호작용이 입금이다. 웃음, 관심, 인정, 감사, 접촉. 부정적인 상호작용이 출금이다. 비난, 경멸, 방어, 담쌓기.

지난 일주일을 돌아보라. 파트너에게 감사를 표현한 횟수. 파트너의 말에 관심을 보인 횟수. 파트너를 웃게 한 횟수. 이것이 입금이다. 그리고 짜증을 낸 횟수. 무시한 횟수. 핸드폰을 보면서 "응, 응" 한 횟수. 이것이 출금이다. 비율이 어떤가.

문제는 비대칭이다. 부정적인 상호작용은 긍정적인 것보다 훨씬 강하게 기억된다. 따뜻한 말 한마디가 하루를 밝게 만들 수 있지만, 냉담한 말 한마디는 며칠을 어둡게 만든다. 이것이 5:1이라는 비율이 필요한 이유다. 부정 하나를 상쇄하려면 긍정이 다섯은 있어야 한다. 1:1이면 부족하다. 뇌가 부정을 더 크게 처리하니까.

싸우는 도중에 웃기는 말을 하는 커플

행복한 커플은 싸우는 도중에도 뭔가를 했다. 갈등이 격해질 때 긴장을 낮추려는 시도. 가트맨은 이것을 "수리 시도repair attempt"라고 불렀다. 갑자기 웃기는 말을 한다. "우리 잠깐 멈추자"고 제안한다. "미안, 내 말이 너무 심했어"라고 인정한다. "나 지금 너무 화가 나서 제대로 말을 못하겠어"라고 고백한다. 내용 자체는 별것 아니다. 중요한 것은 수리 시도가 받아들여지느냐였다. 행복한 커플에서는 수리 시도가 닿았다. 웃음에 함께 웃었다. 멈추자는 제안에 멈췄다. 인정에 부드러워졌다. 갈등의 온도가 내려갔다.

불행한 커플에서는 수리 시도가 닿지 않았다. 웃음이 비꼼으로 읽혔다. 멈추자는 말이 회피로 읽혔다. 인정이 진심으로 받아들여지지 않았다. 갈등은 계속 올라갔다. 같은 시도인데 왜 결과가 다른가. 감정 계좌의 잔액이 다르기 때문이다. 계좌가 플러스인 커플은 상대의 시도를 좋은 의도로 읽는다. 마이너스인 커플은 같은 시도를 나쁜 의도로 읽는다. 싸우는 방식이 다른 게 아니다. 상대를 읽는 렌즈가 다른 것이다.

갈등의 69%는 해결되지 않는다

———

가트맨의 데이터에서 가장 반직관적인 숫자가 나왔다. 커플 갈등의 69%는 해결되지 않는다. 같은 문제로 수십 년을 싸운다. 돈 문제, 집안일 분배, 양육 방식, 시댁 관계. 해결되지 않는다. 해결될 수 없다. 두 사람이 근본적으로 다른 사람이기 때문이다.

가트맨은 이것을 "영구적 문제perpetual problems"라고 불렀다. 행복한 커플과 불행한 커플 모두 영구적 문제를 가지고 있었다. 차이는 문제의 유무가 아니라 그것을 다루는 방식이었다. 행복한 커플은 해결되지 않는 갈등에 대해 대화를 이어갔다. 웃음이 있었다. 상대의 관점을 이해하려 했다. 합의에 이르지 못해도 서로를 존중했다. "우리는 이것에 대해 생각이 다르다"는 것을 받아들였다. 불행한 커플은 같은 갈등에서 담쌓기로 끝났다. 상대가 틀렸다고 확신했다. 대화가 교착됐다.

갈등이 문제가 아니다. 갈등을 반드시 해결해야 한다는 믿음이 문제다. 해결되지 않는 갈등과 함께 살아가는 것. 그것이 가트맨이 말하는 관계의 기술이다.

파트너와 반복되는 갈등이 있는가. 같은 주제로 여러 번 싸운 적이 있는가. 그것이 해결되지 않는다고 해서 관계가 실패한 것이 아니다. 가트맨의 연구에 따르면 대부분의 갈등은 해결되지 않는다. 중요한 것은 그 갈등 앞에서 상대를 여전히 존중하느냐다.

"지금 당장 얘기하자"가 관계를 가장 빨리 망치는 이유

담쌓기를 하는 사람의 심박수를 가트맨은 측정했다. 분당 100회를 넘어 있었다. 신체가 이미 극한 스트레스 상태에 진입한 것이다. 가트맨은 이 상태를 "범람flooding"이라고 불렀다. 범람 상태에서는 논리적 사고가 불가능하다. 상대의 말을 정확하게 듣지 못한다. 맥락을 읽지 못한다. 모든 것이 공격으로 느껴진다. 이 상태에서 하는 대화는 대화가 아니라 전투다. 싸우다가 상대가 돌아서 방으로 들어간다. 당신은 따라가며 말한다. "도망가지 마, 지금 이야기해." 상대는 더 닫힌다. 혹은 폭발한다. 어느 쪽이든 상황은 나빠진다. 가트맨의 답은 멈추는 것이다. 최소 20분. 심박수가 정상으로 돌아오는 데 필요한 시간이다. 그 20분 동안 갈등에 대해 생각하면 안 된다. 생각하면 심박수가 다시 올라간다. 산책을 하거나, 음악을 듣거나, 완전히 다른 일을 한다. 그리고 20분 후에 돌아온다. "지금 당장 해결하겠다"는 의지가 때로 관계를 가장 빠르게 망가뜨린다. 화해의 반대는 방치가 아니라 성급함일 수 있다.

같은 표정, 다른 해석

파트너가 무표정으로 앉아 있다. 관계가 건강한 커플에서 한쪽은 생각한다. "피곤한가 보다." 관계가 망가진 커플에서 한쪽은 생각한다. "또 나한테 화가 난 건가." 파트너가 웃는다. 건강한 커플에서는 그냥 받아들인다. 망가진 커플에서는 의심한다. "비꼬는 건가." 파트너가 "오늘 어땠어?"라고 묻는다. 건강한 커플에서 그것은 관심이다. 망가진 커플에서 그것은 감시다. 같은 행동, 같은 말, 같은 표정. 읽는 방식이 완전히 다르다. 가트맨은 이것을 "긍정적 관점 시스템 Positive Sentiment Override"이라고 불렀다. 감정 계좌가 플러스일 때 상대는 좋은 의도를 가진 사람으로 읽힌다. 마이너스일 때 같은 사람이 적처럼 느껴진다. 파트너의 최근 행동 중 부정적으로 읽은 것을 하나 떠올려보라. 그 행동에 다른 해석이 가능한가. 가능하다면, 문제는 상대의 행동이 아니라 당신이 쓰고 있는 렌즈일 수 있다.

상대가 변해서가 아니다. 렌즈가 바뀐 것이다. 그리고 렌즈를 바꾸는 것은 감정 계좌에 입금하는 것에서 시작된다.

네 기사를 돌려보내는 법

가트맨의 연구는 진단에서 끝나지 않는다. 네 기사 각각에 해독제가 있다. 비난의 해독제는 부드러운 시작^{soft startup}이다. "당신은 항상 이기적이야" 대신 "내가 혼자 디 하고 있다고 느낄 때 외롭다." 주어가 "당신"에서 "나"로 바뀐다. 상대의 인격이 아니라 자신의 감정을 말하는 것이다. 경멸의 해독제는 감사다. 상대의 부족함을 보는 대신 가진 것을 보는 것. 작은 것이라도. "밥 해줘서 고마워." "기다려 줘서 고마워." 감사 표현이 많은 커플은 경멸이 나타나는 빈도가 현지히 낮았다. 방어의 해독제는 책임 수용이다. 상대의 불만에 반격하는 대신 그 안에 타당한 부분을 찾는 것. "맞아, 그 부분은 내가 잘못했어." 아무리 공격적으로 표현된 불만이라도 그 안에는 진짜 필요가 있다. 담쌓기의 해독제는 20분이다. 범람 상태에서는 어떤 대화도 작동하지 않는다. 멈추고, 심박수를 돌리고, 돌아오는 것.

다음번 파트너와 갈등이 시작될 때, 말의 내용보다 말의 방식을 관찰해보라. 지금 내가 비난하고 있는가, 불만을 표현하고 있는가. 상대가 방어하고 있는가, 닫혀 있는가. 관찰만 해도 패턴이 보인다. 패턴이 보이면 바꿀 수 있다.

오늘 저녁의 15분

파트너와 마주 앉는 순간이 있다. 밥을 먹거나, 소파에 앉거나, 침대에 누울 것이다. 대화를 할 수도 있고, 각자 핸드폰을 볼 수도 있다. 관계를 결정하는 것은 거창한 사건이 아니다. 매일 반복되는 이 15분이다. 눈을 마주치는가, 돌리는가. 관심을 보이는가, 무시하는가. 감사를 말하는가, 당연하게 여기는가. 한 번의 작은 것이 관계를 구하지는 않는다. 하지만 매일 쌓이는 작은 것들이 감정 계좌를 채운다. 계좌가 채워진 관계는 갈등이 와도 버틴다. 비어 있는 관계는 작은 마찰에도 무너진다.

가트맨이 없어도 된다. 당신이 볼 수 있다. 네 기사가 와 있는지, 감정 계좌에 얼마가 남아 있는지, 상대를 어떤 렌즈로 읽고 있는지. 지금 이 순간 당신이 상대에게 하는 것이 그 15분의 데이터가 된다.

가트맨 더 읽기

- 『행복한 부부 이혼하는 부부』 가트맨의 대표작   난이도 ★★☆☆☆

John Gottman

페렐의
욕망의 역설

친밀함이 깊어질수록 욕망은 사라진다

02

Esther
Perel

사랑이 깊어질수록 설레지 않는다. 우리는 이것을 관계의 실패로 읽는다. 에스더 페렐은 이것이 실패가 아니라 구조라고 말한다. 사랑과 욕망은 원래 반대 방향으로 움직인다. 페렐의 심리학을 안다는 것은 '욕망의 역설'이라는 개념을 외우는 게 아니다. 가장 가까운 사람에게서 욕망이 사라지는 이유를 알고, 그 구조 안에서 욕망이 다시 숨 쉬는 조건을 찾는 것이다.

오래 사귄 사람과 잠자리가 줄어드는 이유

이런 말을 한 적 있는가. "우리 예전엔 이러지 않았는데." 3년 전엔 달랐다. 자주였다. 먼저 원하기도 했다. 그런데 언제부터인가 달라졌다. 상대가 다가오면 피곤하다고 했다. 상대도 점점 덜 다가왔다. 이제는 일주일이 지나도 자연스럽게 흘러간다. 사랑이 식은 건가 싶다. 아니면 원래 이런 건가. 아니면 뭔가 잘못된 건가. 상대에게 물어볼 수 없다. 말을 꺼내면 싸움이 될 것 같다. 그래서 그냥 둔다. 점점 더 자연스러워진다.

에스더 페렐Esther Perel은 이 현상이 당신의 결함이 아니라고 말한다. 당신 관계만의 문제도 아니라고. 오히려 가장 사랑하는 사람과 가장 자주 겪는 역설이라고.

금기를 말한 여자

2006년 페렐은 『왜 다른 사람과의 섹스를 꿈꾸는가Mating in Captivity』를 출판했다. 제목부터 도발적이었다. 당시 커플 치료 분야에서 에로티시즘은 금기에 가까운 주제였다. 치료사들은 소통과 신뢰를 다뤘다. 욕망은 이야기하지 않았다.

페렐은 달랐다. 수많은 커플을 치료하면서 같은 패턴을 반복해서 봤다. 서로를 깊이 사랑하고, 신뢰하고, 좋은 파트너이면서도 에로틱한 끌림이 사라진 커플들. 문제가 없는데 문제가 있는 관계들. 대화를 잘하고, 갈등도 잘 풀고, 함께 있으면 편한데, 침실에서만 아무 일도 일어나지 않는 관계들. 기존의 치료 프레임으로는 설명이 안 됐다. 소통이 부족해서가 아니었다. 신뢰가 없어서도 아니었다. 뭔가 다른 것이 작동하고 있었다.

페렐은 자신의 어린 시절에서 실마리를 찾았다. 벨기에에서 자란 그녀는 홀로코스트 생존자들의 공동체 안에서 자랐다. 홀로코스트는 제2차 세계대전 중 나치 독일이 유대인을 비롯한 수백만 명을 학살한 사건이다. 그녀의 부모도 생존자였다. 그녀는 두 종류의 생존자를 봤다. 한쪽은 살아남은 사람들이었다. 트라우마를 안고, 조심스럽게, 최소한의 것으로 살았다. 다시는 잃지 않으려고 가진 것에 집착했다. 다른 한쪽도 살아남은 사람들이었다. 하지만 그들은 달랐다. 살아있기로 선택했다. 먹고, 춤추고, 사랑하고, 위험을 감수했다. 상실의 가능성을 알면서도 충만하게 살았다.

안전을 위해 활기를 포기한 사람들과, 활기를 위해 위험을 감수한 사람들. 페렐은 이 두 방향이 사랑과 욕망에도 그대로 적용된다는 것을 봤다.

사랑은 가까워지고, 욕망은 멀어진다

사랑이 원하는 것과 욕망이 원하는 것이 다르다. 사랑은 가까움을 원한다. 안전함, 예측 가능함, 신뢰, 안정. 상대를 알고 싶고, 이해받고 싶고, 언제든 거기 있어주기를 원한다. 사랑은 거리를 좁히는 방향으로 움직인다. 욕망은 반대 방향으로 움직인다. 욕망은 거리를 원한다. 미지를 원한다. 상대가 완전히 예측 가능해지는 순간, 욕망의 연료가 소진된다. 욕망은 불확실성에서 살아난다. 닿을 수 없을 것 같은 것, 아직 알 수 없는 것, 잃어버릴 수 있는 것.

친밀감이 깊어지면 사랑은 완성에 가까워진다. 하지만 바로 그 순간 욕망은 대상을 잃는다. 가장 가까운 사람이 가장 투명해진다. 가장 사랑하는 사람이 가장 욕망하기 어려운 사람이 된다. 이것이 실패가 아니라고 페렐은 말한다. 이것이 친밀함의 본질이다. 그리고 바로 그 본질이 욕망의 조건과 충돌한다. 사랑이 성공한 바로 그 시점에 욕망이 후퇴한다. 이것이 역설이다.

욕망이 살아나는 순간의 공통점

——

페렐은 커플 치료에서 두 사람에게 따로 묻는다. "파트너에게 욕망을 느꼈던 마지막 순간을 떠올려보라." 대답들이 비슷한 방향으로 수렴한다.

- "파트너가 무대에서 발표하는 것을 봤을 때."
- "파트너가 오랜 친구들과 있는 것을 멀리서 봤을 때."
- "파트너가 완전히 몰입해서 무언가를 만들고 있었을 때."
- "출장에서 돌아왔을 때."
- "파트너가 다른 사람과 웃고 있는 것을 봤을 때."

공통점이 있다. 그 순간 파트너는 내가 없는 세계에 있었다. 나와 무관하게 살아있었다. 완전히 자신이었다. 이 패턴이 가리키는 것은 하나다. 욕망은 합일에서 오지 않는다. 분리에서 온다. 내 것이 아닌 누군가를 바라볼 때, 닿을 수 없는 순간을 경험할 때 욕망이 살아난다. 그래서 역설이다. 가장 가까운 사람이 가장 욕망하기 어려운 사람이 된다. 그 사람은 이미 내 세계의 일부이기 때문이다.

에로티시즘과 일상의 충돌

페렐이 말하는 에로티시즘은 성적인 것만을 뜻하지 않는다. 활기, 놀이, 창의성, 살아있다는 감각. 그 모든 것을 포함한다. 일상은 에로티시즘의 적이다. 일상은 예측 가능함으로 안전을 만든다. 에로티시즘은 예측 불가능함으로 살아있음을 만든다. 둘은 근본적으로 충돌한다. 이 충돌이 가장 극적으로 드러나는 때가 있다. 아이가 생겼을 때다.

아이가 태어나면 관계의 구조가 바뀐다. 두 사람은 연인에서 부모가 된다. 대화의 주제가 바뀐다. 분유, 기저귀, 수면 패턴, 어린이집. 서로를 바라보던 시선이 아이를 향한다. 하루 종일 아이를 돌보고, 기서귀를 갈고, 밤중 수유를 하는 사람은 온종일 돌봄의 모드 안에 있다. 누군가의 필요를 채우는 데 모든 에너지를 쓴 사람에게 밤에 자신의 욕망을 느끼라는 것은 스위치를 누르듯 되는 일이 아니다.

페렐의 논리를 따르면 돌봄과 욕망은 다른 언어다. 돌봄은 "내가 해줄게"이고, 욕망은 "내가 원해"다. 돌봄은 상대의 필요를 채우는 것이고, 욕망은 자신의 필요를 느끼는 것이다. 하루 종일 전자의 언어만 쓴 사람이 후자의 언어를 꺼내기는 어렵다. 침실이 아이의 울음소리가 들리는 곳이고, 빨래가 쌓인 곳이고, 내일 출근 준비를 하는 곳이다. 안전의 공간이 욕망의 공간이기도 해야 한다. 일상의 역할들 ─ 요리하는 사람, 설거지하는 사람, 아이를 재우는 사람 ─ 이 역할들이 두 사람을 효율적인 팀으로 만든다. 좋은 팀이 될수록 좋은 연인이 되기는 어려워진다. 이것이 실패가 아니다. 이것이 구조다. 이 구조를 이해하지 못하면 "왜 예전 같지 않지?"라는 질문이 서로를 향한 원망이 된다.

불륜이 말해주는 불편한 진실

───

페렐은 불륜을 정당화하지 않는다. 하지만 불륜이 왜 일어나는지를 다른 방식으로 본다. 불륜 당사자들에게 무엇을 느꼈는지 물으면 공통된 대답이 나온다. "살아있는 느낌이었다." "나 자신이 되는 것 같았다." "오랫동안 잊고 있던 부분이 돌아왔다."

페렐은 이것이 상대방 때문이 아닐 수 있다고 말한다. 불륜 상대가 특별해서가 아니라, 불륜이라는 상황의 구조 때문일 수 있다고. 불륜 관계에는 욕망이 살아있는 조건들이 있다. 만날 수 없는 시간이 있다. 완전히 알 수 없는 부분이 있다. 잃어버릴 수 있다는 긴장이 있다. 상대가 내 일상의 일부가 아니다. 거리가 있다. 미지가 있다. 위험이 있다. 그것이 욕망을 작동시킨다. 사람에게 빠진 게 아니라 구조에 빠진 것이다.

페렐은 묻는다. 그 조건들 ─ 거리, 긴장, 미지, 자신만의 공간 ─ 을 현재의 관계 안에서 만들 수 없는가. 불륜이 주는 것을 위해 관계

를 파괴할 필요는 없다. 하지만 그것들이 관계 안에 전혀 없으면 욕
망도 없다.

욕망을 살아있게 하는 것

그렇다면 어떻게 하는가. 답은 친밀함을 줄이는 것이 아니다. 그
것은 사랑을 포기하는 것이다. 답은 거리를 만드는 것이다. 단, 소원
함이 아니라 신선함으로서의 거리. 페렐은 욕망이 살아있는 커플들
을 관찰했다. 공통점이 있었다. 각자의 독립적인 삶이 있었다. 상대
가 없을 때 자기 세계에서 살다가 다시 만나는 경험이 있었다. 상대
의 삶 전체를 소유하려 하지 않았다. 상대가 자신이 모르는 곳에서
무언가를 하고 있다는 것을 받아들였다. 이것이 부재를 만들고, 부
재가 욕망을 만든다.

그리고 상대를 다시 낯설게 보는 능력이 있었다. 매일 보는 사람
을 처음 보는 것처럼. 강연하는 파트너를 청중의 한 사람으로 바라
보는 것. 파트너가 다른 사람들 사이에 있는 것을 보는 것. 그 순간
파트너가 '내 파트너'가 아니라 하나의 독립적인 존재로 보인다. 소
유의 시선에서 관찰의 시선으로.

결국 페렐이 말하는 것은 하나다. 욕망은 상대를 향한 것이 아니
라, 상대에게서 내가 보는 것을 향한 것이다. 볼 것이 있으려면 상대
가 나의 일부가 아닌 타자여야 한다. 파트너를 완전히 소유할 수 없

다는 것을 인정하는 것. 그 인정이 욕망을 되살린다.

파트너에 대해 "다 안다"고 느껴지는가. 그렇다면 그것은 상대가 단순해서가 아니라, 당신이 보기를 멈춘 것일 수 있다. 이번 주에 파트너가 당신 없이 무언가를 하는 순간을 멀리서 지켜보라. 일하는 모습, 친구와 웃는 모습, 혼자 집중하는 모습. 그 순간 파트너가 다르게 보이는가. 보인다면, 욕망은 아직 죽지 않았다.

사랑과 욕망 사이에서

오늘 밤 당신은 파트너 옆에 누울 것이다. 익숙한 체온이 느껴질 것이다. 안전하다. 편안하다. 사랑한다. 그런데 설레지 않는다. 이제 당신은 그 이유를 안다. 사랑이 식어서가 아니다. 사랑이 너무 잘 작동하고 있어서다. 안전함이 욕망의 공간을 채워버린 것이다. 가까움이 미지를 지워버린 것이다.

페렐은 묻는다. 당신은 이 사람을 다 안다고 생각하는가. 정말? 이 사람이 혼자 있을 때 무슨 생각을 하는지 아는가. 이 사람이 아무도 없는 곳에서 어떤 사람인지 아는가. 이 사람의 꿈이 아직 다 드러나지 않았을 수 있다는 것을 받아들이는가.

상대를 다 알았다는 확신이 욕망을 끈다. 상대에게 아직 모르는 것이 있다는 감각이 욕망을 켠다. 사랑은 거리를 좁히고, 욕망은 거리를 원한다. 이 둘은 같은 관계 안에서 영원히 반대 방향으로 움직인다.

　해결이 아니다. 균형이다. 가까워지면서도 완전히 소유하지 않는 것. 안전하면서도 미지를 남겨두는 것. 페렐은 이것이 쉽지 않다는 걸 안다. 하지만 불가능하다고 말하지 않는다. 가장 오래된 커플 중에도 이것을 해내는 사람들이 있다. 비결은 하나다. 옆에 있는 사람이 영원히 다 알 수 없는 타자라는 것을 잊지 않는 것이다.

・ 『왜 다른 사람과의 섹스를 꿈꾸는가』 욕망과 친밀감의 역설　　난이도 ★★☆☆☆

바디우의
사랑 예찬

사랑은 편안함이 아니라 사건이다

03

Alain
Badiou

현대인은 사랑을 위험 없이 소비하려 한다. 충분히 확인하고, 안전하게 시작하고, 불편하면 나가려 한다. 알랭 바디우는 그것이 사랑을 파괴한다고 말한다. 진짜 사랑은 보장이 없는 곳에서 시작된다. 바디우의 철학을 안다는 것은 '사건'이라는 개념을 외우는 게 아니다. 확인을 전제조건으로 삼는 한 사랑은 시작되지 않는다는 것을 아는 것이다.

안전한 사랑을 원한다

———

당신은 확인하고 싶다. 이 사람이 정말 나를 좋아하는지. 우리가 맞는지. 이 관계가 어디로 갈 것인지. 고백하기 전에 알고 싶다. 상처받지 않을 것이라는 보장이 있으면 시작하겠다. 그래서 탐색한다. 반응을 살핀다. 신호를 분석한다. 문자에 몇 분 만에 답했는지, 눈을 어떻게 마주쳤는지, 마지막에 무슨 말을 했는지. 충분히 확인되면 그때 움직이겠다는 계획이다.

알랭 바디우Alain Badiou는 이것이 사랑이 아니라고 말한다. 이것은 사랑을 닮은 소비라고.

"리스크 없는 사랑은 불가능하다. 죽음 없는 전쟁이 불가능한 것처럼."

—『사랑 예찬』

70대의 철학자가 사랑에 대해 쓴 이유

———

계기가 있었다. 2008년 프랑스에서 한 만남 주선 업체가 새로운 광고를 냈다. "우연 없이 사랑을 얻으세요." "사랑에 빠지지 않고 사랑하세요." 이 문장이 바디우를 자극했다. 여기에 현대가 사랑을 다루는 방식이 압축되어 있다고 봤다. 위험 제거. 우연 제거. 통제 가능한 감정. 안전한 사랑.

2009년, 바디우는 젊은 철학자 니콜라 트롱과의 대화를 책으로 엮었다. 사랑이 무엇인지, 왜 그것이 위험해야 하는지를 말하기 위해. 바디우는 당시 70대였다. 그 나이에 사랑에 대한 책을 쓴다는 것 자체가 하나의 선언이었다. 사랑이 사라지고 있어서가 아니라, 사랑이 가능한 조건이 사라지고 있어서.

사건은 예고 없이 온다

바디우 철학의 핵심 개념은 사건event이다. 사건은 기존의 질서로는 설명되지 않는 것이 갑자기 출현하는 것이다. 예상할 수 없었던 것, 계획되지 않은 것, 기존의 지식 체계로는 포착되지 않는 것. 바디우는 진정한 사랑이 이 사건의 형태로 온다고 봤다.

사건 이전에는 세계가 하나였다. 나의 세계. 나의 시각. 나의 관심사. 모든 것이 나를 중심으로 돌아갔다. 그런데 어느 순간 다른 사람이 나타난다. 그 사람이 나의 세계를 흔든다. 내가 당연하게 여기던 것들이 흔들린다. 나의 세계만이 세계가 아니라는 것이 처음으로 진짜로 느껴진다.

이것이 바디우가 말하는 사랑의 출발점이다. 나의 세계를 흔드는 타자와의 만남. 그 만남이 사건이다. 그리고 사건은 선택을 강요한다. 그 흔들림을 받아들이고 새로운 세계를 구성하거나, 흔들림을 차단하고 이전의 세계로 돌아가거나.

"하나가 아닌 둘의 관점에서 세계를 경험할 때, 세계는 어떤 모습인가. 동일성이 아닌 차이의 관점에서 경험되고 살아갈 때. 그것이 내가 믿는 사랑이다"

— 『사랑 예찬』

지금까지의 관계에서 자신의 세계를 진짜로 흔들어놓은 사람이 있었는가. 그 흔들림이 불편해서 차단했는가, 아니면 받아들였는가. 바디우의 언어로 그 선택이 사랑이 시작됐는지 아닌지를 결정한 것이다.

"우리는 하나"라는 거짓말

바디우가 가장 강하게 비판하는 사랑의 환상이 있다. 합일의 신화다. "우리는 하나다." "영혼의 반쪽을 만났다." "너와 나는 하나가 됐다." 사랑을 표현하는 가장 흔한 언어들이다. 바디우는 이것을 거부한다. 둘이 하나가 되는 것은 사랑이 아니다. 그것은 차이의 소멸이다. 타자가 타자이기를 멈추는 것이다. 그리고 타자가 타자이기를 멈추면, 사랑도 멈춘다.

연인과 너무 가까워져서 서로의 구별이 사라진 경험이 있는가. 상대의 취미가 내 취미가 되고, 상대의 친구가 내 친구가 되고, 상대의 생각이 내 생각이 되는. 처음엔 좋았을 수 있다. 하나가 된 느낌. 완전한 합일. 그런데 시간이 지나면 이상한 일이 생긴다. 상대가 보이지 않게 된다. 너무 가까워서 오히려 보이지 않는다. 설렘이 사라진다. 궁금한 게 없어진다. 이미 아니까.

바디우의 사랑은 하나가 되는 것이 아니다. 둘이 함께 세계를 보는 것이다. 나의 시각과 당신의 시각이 만나서, 하나였을 때는 볼 수 없었던 것을 보는 것. 차이가 있어야 사랑이 있다. 차이가 사라지면 사랑도 사라진다.

사랑이 진리인 이유

바디우는 진리가 생산되는 방식이 네 가지라고 봤다. 과학, 예술, 정치, 그리고 사랑. 그는 이것을 진리 절차^{truth procedure}라고 불렀다. 사랑이 왜 진리 절차인가. 사랑 이전에 세계는 하나의 관점에서 보인다. 나의 관점. 그것이 전부라고 생각한다. 다른 사람의 관점을 머리로는 알 수 있다. 하지만 그 관점에서 세계를 살아보는 것은 다른 일이다. 사랑이 일어나면 타자의 시각이 열린다. 내가 전혀 몰랐던 방식으로 세계를 보는 사람과 함께, 그 사람의 시각을 빌려 세계를 다시 경험하는 것이다. 나 혼자서는 볼 수 없었던 것이 보이기 시작한다.

"사랑은 우리가 고독한 의식을 통해서가 아닌 다른 방식으로 세계를 만나고 경험할 수 있다는 증거다."

—『사랑 예찬』

사랑을 찾으려 할수록 사건은 멀어진다

바디우의 논리를 따라가면 역설적인 결론에 닿는다. 데이팅 앱을 생각해보라. 프로필을 보고, 조건을 확인하고, 어느 정도 맞는다고 판단한 뒤에 만난다. 이 만남에서 상대는 이미 예상된 존재다. 예상된 존재는 세계를 흔들지 않는다. 확인이 되는 것이지, 사건이 일어나는 것이 아니다.

"좋은 파트너를 찾겠다"는 의도를 가지고 누군가를 만나면, 그 사람은 처음부터 평가의 대상이다. 평가받는 상대와 평가하는 나 사이에는 사건이 일어나기 어렵다. 상대가 나의 세계에 들어오는 것이 아니라 나의 기준 앞에 서는 것이기 때문이다.

반대 방향을 생각해보라. 목적 없이 거기 있는 것. 무언가에 몰두해 있다가 우연히 마주치는 것. 상대를 평가하려는 의도 없이 대화가 시작되는 것. 그때 예상하지 못한 방식으로 상대가 나의 세계에

들어온다. 사랑을 찾으려 할수록 사건은 멀어진다. 사랑을 찾지 않을 때, 자기 세계에서 충분히 살아있을 때, 사건이 일어날 가능성이 높아진다. 사건은 만들 수 없다. 하지만 사건이 일어날 수 있는 자신이 될 수는 있다. 자기 세계에서 충분히 살아있는 사람. 타자가 들어왔을 때 흔들릴 수 있는 사람.

지금 마음에 두고 있는 사람이 있는가. 아직 시작하지 않은 이유가 충분히 확인되지 않아서인가. 확인을 전제조건으로 삼는 순간 사건의 자리가 사라진다. 사랑은 확인된 다음에 시작되지 않는다.

"우연 없이 사랑을 얻으세요"가 사랑을 죽이는 방식

현대인은 사랑에서 두 가지를 동시에 원한다. 강렬한 감정. 그리고 안전한 출구. 언제든 나갈 수 있어야 한다. 더 좋은 선택지가 나타나면 바꿀 수 있어야 한다. 상처받았을 때 책임을 묻지 않아도 되어야 한다. 이것이 소비의 논리다. 상품은 교체 가능하다. 만족스럽지 않으면 반품한다. 이 논리가 사랑에 적용되면 파트너가 상품이 되고, 관계가 계약이 된다. 출구가 항상 열려 있어야 하는 관계에서는 완전히 들어가는 것이 불가능하다. 한 발은 항상 밖에 있다.

바디우는 이것이 사랑을 불가능하게 만든다고 말한다. 사건은 완전히 들어가는 곳에서 일어난다. 흔들릴 준비가 되어 있지 않은 사람에게는 세계를 흔드는 만남이 일어나지 않는다. 강렬함은 원하되 취약함은 원하지 않는다. 연결은 원하되 의존은 원하지 않는다. 바디우는 이것을 사랑이 아니라 사랑의 시뮬레이션이라고 부른다.

사건 이후가 진짜 사랑이다

사건이 일어났다. 두 사람의 세계가 만났다. 그 다음은? 바디우는 사랑을 충실함fidelity이라는 개념으로 설명한다. 사건이 열어놓은 새로운 가능성에 충실한 것. 그것이 사랑의 지속이다. 충실함은 감정의 지속이 아니다. 선택의 지속이다. 처음에 일어난 사건이 열어놓은 세계를 계속 살아가기로 선택하는 것. 설렘이 사라져도. 갈등이 생겨도. 상대가 처음과 다르게 보여도. 그 만남이 열어놓은 세계를 포기하지 않는 것. 감정은 오르내린다. 충실함은 선택이다.

> "사랑에서 충실함이란 만남의 우연성이 지속될 것의 발명을 통해 날마다 극복되는 것이다."
>
> — 『사랑 예찬』

이것이 오래된 사랑이 가능한 이유다. 처음의 사건은 지나간다. 하지만 그 사건이 만들어낸 세계가 남는다. 두 사람이 함께 그 세계를 살아가는 것이 지속되는 사랑이다. 매일 아침 일어나서, 어제의 선택을 오늘 다시 하는 것.

지금 관계에서 처음의 설렘이 줄었다면, 물어보라. 사건이 끝난 것인가, 아니면 사건 이후의 충실함을 선택하지 않은 것인가. 감정이 사라진 것과 선택을 멈춘 것은 다르다. 감정은 저절로 오고 가지만, 선택은 당신이 하는 것이다.

사랑은 철학의 문제다

철학은 오랫동안 사랑을 진지하게 다루지 않았다. 플라톤은 에로스를 철학의 출발점으로 봤다. 하지만 근대 이후 철학은 사랑을 감정의 영역으로 밀어냈다. 이성, 논리, 진리. 이것이 철학의 영역이었다. 사랑은 거기에 속하지 않았다. 심리학이나 문학이 다룰 주제로. 바디우는 이 구분을 거부한다. 사랑은 감정이 아니라 인식의 문제라고. 사랑을 통해 우리는 혼자서는 접근할 수 없는 방식으로 세계를 본다. 타자의 시각이 열리고, 나의 세계가 확장된다. 그것은 지식의 문제이고 진리의 문제다. 그리고 사랑은 윤리의 문제다. 위험을 감수하는 것, 차이를 견디는 것, 충실함을 선택하는 것. 이것들은 어떻게 살 것인가의 질문과 직결된다. 사랑하는 방식이 사는 방식을 말해준다.

보장 없는 곳에서 시작하는 것

내일 당신은 누군가를 만날 수 있다. 예상하지 못한 자리에서. 계획하지 않은 순간에. 그 사람이 당신의 세계를 흔들 수 있다. 당신이 당연하게 여기던 것들이 달라 보일 수 있다. 혼자서는 볼 수 없었던 것이 보일 수 있다. 그 순간 선택이 온다. 흔들림을 받아들일 것인가, 차단할 것인가. 바디우는 안다. 현대가 당신에게 가르친 것은 차단이다. 확인하고, 검증하고, 안전할 때만 들어가라. 위험을 최소화하라. 출구를 열어두라. 그렇게 하면 상처받지 않는다. 하지만 사랑도 시작되지 않는다. 사랑은 한순간의 우연을 토대로 영원을 선언하려는 시도다. 성공할지 모른다. 실패할지 모른다. 상처받을 수 있다. 바뀔 수 있디. 이전과 다른 사람이 될 수 있다. 보장은 없다. 그리고 보장이 없기 때문에 사랑이다.

"사랑은 여전히 강력하다. 한 순간에 새겨진 우연을 토대로 영원을 선언하려 시도하는, 그 드문 경험 중 하나다."

— 『사랑 예찬』

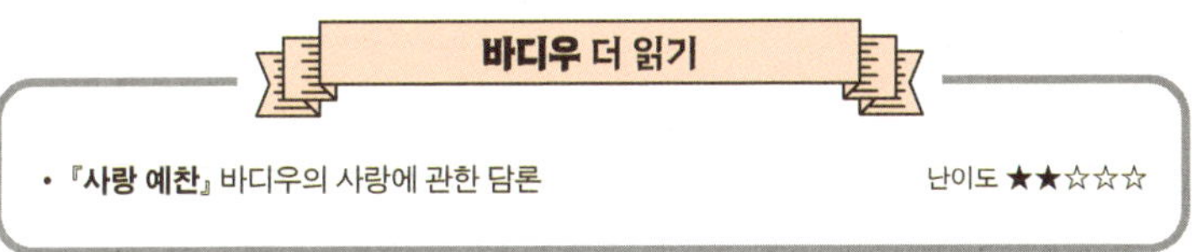

• 『사랑 예찬』 바디우의 사랑에 관한 담론   난이도 ★★☆☆☆

컨버그의 나르시시즘

매력적인 사람이 위험한 이유

04

Otto Kernberg

가장 자신감 있어 보이는 사람의 내면에 가장 깊은 공허가 있을 수 있다. 그리고 그 공허가 관계를 집어삼킨다. 컨버그의 정신분석을 안다는 것은 '나르시시즘'이라는 진단명을 외우는 게 아니다. 가장 매력적인 사람이 가장 위험할 수 있다는 것을, 그리고 매력의 구조와 파국의 구조가 같은 곳에서 온다는 것을 아는 것이다.

처음엔 달랐다

———

처음 만났을 때 뭔가 달랐다. 다른 사람들과 달리 자신감이 있었다. 말이 거침없었다. 방 안에 들어오면 존재감이 달랐다. 관심을 쏟아붓는 방식이 강렬했다. 당신만 보는 것 같았다. 그것이 좋았다. 사귀기 시작했다. 처음엔 완벽했다. 특별한 식당, 깜짝 이벤트, 당신을 세상에서 가장 특별한 사람처럼 대하는 방식. 이런 사람을 만난 적이 없었다. 주변에 이야기했다. "이번 사람은 진짜 다르다."

그런데 조금씩 달라지기 시작했다. 비판이 늘었다. 처음엔 장난처럼 들렸다. 그런데 반복됐다. 당신의 옷, 말하는 방식, 친구들, 직업. 조금씩 작아지는 느낌이 들었다. 반박하면 과민반응이라고 했다. 헤어지겠다고 하면 태도가 돌변했다. 다시 처음처럼 됐다. 다정했다. 특별했다. "이 사람이 원래 이런 사람이구나. 나 때문에 힘들었던 거구나"라고 생각했다. 그래서 남았다. 그리고 또 반복됐다. 당신도 비슷한 경험이 있는가. 있다면, 그 사이클을 몇 번 돌았는가.

오토 컨버그Otto Kernberg는 이 패턴을 수십 년 전에 이미 해부했다. 그리고 이것이 의지나 성격의 문제가 아니라 구조의 문제라고 봤다.

자기를 사랑하지 못하는 사람의 구조

나르시시즘은 일상에서 "자기중심적인 사람"을 가리키는 말로 쓰인다. 하지만 컨버그가 말하는 나르시시즘 인격장애Narcissistic Personality Disorder는 훨씬 복잡한 구조를 가진다. 핵심부터 말하면 이렇다. 나르시시스트의 문제는 자기를 너무 사랑하는 것이 아니다. 자기를 사랑하지 못하는 것이다.

웅대한 자기 이미지 뒤에 극도로 취약한 자아가 있다. 그 취약함을 가리기 위해 웅대함을 연기한다. 자신감이 아니라 공허함을 가리는 갑옷이다. 곁에서는 구분이 안 된다. 그래서 매력적으로 보인다. 컨버그는 이 구조가 어디서 오는지를 추적했다. 두 가지 경로가 보였다. 하나는 과대평가다. 어린 시절 부모가 아이를 지나치게 특별한 존재로 다뤘다. 아이의 모든 것이 완벽하고, 규칙에서 예외이고, 원하는 것은 다 충족됐다. 아이는 자기가 세상의 중심이라는 감각을 내면화한다. 타인이 자기와 같은 필요와 감정을 가진 독립적인 존재라는 것을 배우지 못한다. 다른 하나는 방치다. 감정적으로 냉담한 부모. 아이는 자기가 충분히 좋지 않다는 깊은 감각을 내면화한다. 그 공허를 채우기 위해 웅대한 자기 이미지를 만든다. "나는 실제로는 특별하다. 아직 인정받지 못했을 뿐이다." 두 경로는 전혀 달라 보이지만 같은 구조로 수렴한다. 타자를 독립적인 존재로 보는 능력의 결핍. 그리고 자신의 가치를 외부에서 확인해야 하는 끝없는 갈증.

왜 처음엔 그렇게 완벽한가

나르시시스트가 처음에 매력적인 이유를 하나씩 뜯어보라. 자신감이 있는 것처럼 보인다. 사실은 공허함을 가리는 웅대함이다. 하지만 곁에서는 구분이 안 된다. 자신감 있어 보이는 사람은 매력적이다. 상대에게 집중하는 능력이 탁월하다. 관계 초기, 나르시시스트는 상대를 완벽한 존재로 이상화한다. 그 시선이 상대에게 전달된다. "이 사람은 나를 정말 잘 알아본다"는 느낌. 그것이 강렬한 끌림을 만든다. 당신이 "이번 사람은 진짜 다르다"고 느낀 이유가 여기 있다. 다른 게 맞다. 하지만 좋은 방향으로 다른 게 아니다.

그리고 무대를 장악하는 능력이 있다. 어떤 자리에서든 중심이 된다. 그 옆에 있으면 그 빛이 자신에게도 닿는 것 같다. 이 모든 것은 지속되지 않는다. 이상화 단계가 끝나면 전환이 온다.

이상화에서 평가절하로

나르시시스트는 상대를 처음엔 완벽한 존재로 본다. 세상에서 가장 특별한 사람. 이 시기에 쏟아지는 관심과 찬사는 압도적이다. 하지만 시간이 지나면 상대의 결점이 보이기 시작한다. 완벽하지 않다는 것이 드러난다. 그 순간 스위치가 넘어간다. 이상화에서 평가절하로. 중간이 없다. 전부이거나 아무것도 아니거나. 완벽하

거나 하찮거나. 컨버그는 이것을 이상화-평가절하 사이클^{idealization-}
^{devaluation cycle}이라고 불렀다. 처음엔 당신의 모든 것을 좋아했던 사람
이, 어느 순간부터 당신의 모든 것을 비판하기 시작한 경험. 그 전환
이 갑작스럽고 이유를 알 수 없었다면, 이 사이클을 경험한 것일 수
있다. 나르시시스트는 상대를 인간으로 보지 못한다. 자신의 필요를
충족시키는 기능으로 본다. 완벽한 거울 역할을 할 때는 이상화한
다. 거울이 왜곡될 때는 평가절하한다. 상대가 변한 게 아니다. 거울
의 기능이 달라진 것이다.

과거의 관계에서 처음엔 특별한 존재로 대우받다가, 어느 순간 갑자기 무시당하는
경험이 있었는가. 그 전환이 당신의 행동 때문이라고 생각했는가. 다시 생각해보라.
당신이 변한 게 아니라, 상대의 내부에서 스위치가 넘어간 것일 수 있다.

왜 떠나지 못하는가

———

분명히 상처받았다. 분명히 이상하다는 것을 안다. 그런데 떠나
지 못한다. 왜? 이상화 단계에서 상대를 완벽한 존재로 경험한 기
억이 있다. 그때의 감각을 안다. 그 사람이 줄 수 있는 최고의 버전
을 봤다. 평가절하 단계에서 상처받는다. 하지만 헤어지겠다고 하
면 태도가 돌변한다. 다시 처음처럼 된다. 다정하고, 특별하고, 당신

만 보는 그 사람이 돌아온다.”이 사람이 원래 이런 사람이구나. 힘들었던 거구나”라고 생각한다. 그래서 남는다. 그리고 또 반복된다. 심리학에서 이것을 간헐적 강화intermittent reinforcement라고 부른다. 예측 불가능한 보상이 집착을 만드는 구조. 항상 좋으면 당연해진다. 항상 나쁘면 떠난다. 하지만 나쁘다가 좋아지면, 그 좋음이 두 배로 강렬하게 느껴진다. 나르시시스트에게 파트너는 나르시시즘적 공급narcissistic supply의 원천이다. 자기가 특별하다는 감각을 유지시켜주는 존재. 관심, 찬사, 존경, 또는 단순히 곁에 있어주는 것. 그것이 끊길 위험이 생기면 어떤 수를 써서라도 공급을 복구한다. 처음처럼 다정해지는 것은 사랑이 돌아온 게 아니라, 공급원을 지키려는 반응이다. 도박 중독과 같은 구조다. 가끔 이기기 때문에 끊지 못한다.

현실을 흔드는 기술

나르시시스트와의 관계에서 가장 파괴적인 것은 상처 자체가 아니다. 자기 감각을 믿지 못하게 되는 것이다. 분명히 상처받는 말을 들었다. 상대에게 말한다. “그 말은 상처였어.” 상대가 답한다. “그런 말 한 적 없어.” 분명히 약속이 있었다. “그런 약속 한 적 없어.” 화가 났다. “네가 너무 예민한 거야.” 슬펐다. “왜 항상 드라마를 만들어?” 처음엔 자기가 기억을 잘못하는 건가 싶다. 자기가 너무 예민한 건가 싶다. 반복되면서 자기 감각을 믿지 못하게 된다. 이것이 가스라이팅gaslighting이다. 나르시시스트에게 자신이 잘못했다는 것을 인정하는 것은 웅대한 자기 이미지를 위협한다. 그 위협을 차단하기 위해 상대의 현실 인식을 수정한다. 의식적인 조작일 수도 있고, 자기보호 메커니즘이 자동으로 작동하는 것일 수도 있다.

가스라이팅의 가장 큰 피해는 관계 안에서 일어나는 것이 아니다. 관계가 끝난 후에도 남는다. "내가 너무 예민했던 건 아닐까." "내가 잘못 기억하는 건 아닐까." 자기 감각에 대한 의심이 관계가 끝난 뒤에도 계속된다. 자기 판단을 믿지 못하고 있다면, 그것은 당신의 판단력이 약해서가 아니다. 누군가가 체계적으로 당신의 현실 인식을 흔들어놨기 때문일 수 있다.

공감이 없는 사랑은 어떻게 생겼는가

———

컨버그가 나르시시즘 인격장애의 핵심으로 본 것은 공감 능력의 결핍이다. 당신이 직장에서 힘든 일이 있었다. 집에 와서 파트너에게 말한다. "오늘 정말 힘들었어." 파트너가 3초 듣더니 자기 이야기를 시작한다. "나도 오늘 힘들었어. 내가 말해줄게…" 당신의 이야기는 끝났다. 들은 것 같지만 닿지 않았다. 이것이 반복되면 어떻게 되는가. 말해봤자 소용없다는 것을 학습한다. 감정을 꺼내는 것을 멈춘다. 관계 안에서 혼자가 된다.

나르시시스트는 상대의 고통을 지적으로는 이해할 수 있다. 하지만 그것이 자기 행동을 바꾸는 동기가 되지 않는다. 상대의 감정은 자기 필요보다 항상 덜 중요하다. 나르시시스트는 타자를 본다. 하지만 타자의 내면을 보지 못한다. 타자가 존재하지만, 타자의 주관성은 보이지 않는다. 사랑한다고 말하면서 상대의 내면이 보이지 않는다. 이것이 나르시시즘적 사랑의 구조다.

매력과 파국은 같은 곳에서 온다

나르시시스트를 매력적으로 만드는 것과 관계를 파괴하는 것이 같은 뿌리에서 나온다. 자신감 있어 보이는 것. 공허를 가리는 웅대함이다. 관계 초기에 매력으로 작동하고, 후기에 통제로 작동한다. 상대에게 집중하는 능력. 이상화다. 초기에 사랑으로 느껴지고, 후기에 평가절하의 전단계가 된다. 위험을 감수하는 대담함. 공감 능력의 결핍과 연결된다. 초기에 매력으로 보이고, 후기에 상대의 감정을 무시하는 것으로 드러난다.

같은 특성이 관계의 단계에 따라 완전히 다른 얼굴을 보인다. 처음에 끌린 이유와 나중에 상처받는 이유가 동일한 곳에서 온다. "처음엔 좋은 사람이었는데 변했다"고 생각했다면, 다시 봐야 한다. 변한 게 아니다. 그 뿌리의 다른 면이 드러난 것이다. 나르시시즘 성향이 높은 사람이 성공과 연결되는 경향도 마찬가지다. 자신감, 카리스마, 위험 감수. CEO, 정치인, 연예인 중 나르시시즘 성향이 높은 비율이 일반 인구보다 높다는 연구들이 있다. 성공을 만드는 것과 관계를 파괴하는 것이 같은 곳에서 온다.

구조 밖으로 나가는 법

컨버그는 비관적이지 않았다. 나르시시즘 인격장애도 변화가 가능하다고 봤다. 하지만 전제가 있었다. 당사자가 변화를 원해야 한다는 것이다. 나르시시스트 자신도 고통받는다. 깊은 공허함. 진정한 연결의 부재. 항상 자기를 증명해야 한다는 압박. 웅대한 자기 이미지는 그 고통을 가리는 방어막이다. 그 방어막 아래에는 인정받고 싶고 연결되고 싶었던 욕구가 충족되지 못한 채 남아 있다. 그 욕구가 다뤄지지 않는 한 방어막은 내려오지 않는다. 그것이 이들을 단순한 악인으로 규정할 수 없는 이유이기도 하다.

하지만 당신이 해야 할 일은 분명하다. 상대를 바꾸려 하지 않는 것이다. 당신이 더 잘하면 달라질 거라는 믿음, 더 이해하면 상대가 변할 거라는 희망. 그 희망이 당신을 사이클 안에 가두는 접착제다.

오늘 밤의 점검

오늘 밤 당신은 누군가를 떠올릴 수 있다. 처음 만났을 때의 그 강렬함을. 세상에 나만 보는 것 같았던 그 시선을. 그리고 어느 순간부터 달라진 것을. 이제 당신은 그 구조를 안다. 웅대함 뒤의 공허. 이상화 뒤의 평가절하. 다정함 뒤의 공급 복구. 같은 사이클이 반복된다. 상대가 변하는 깃처럼 보이지만, 변하는 것은 사이클의 위치다. 구조는 그대로다.

한 가지만 물어보라. 그 관계에서 당신은 점점 커졌는가, 점점 작아졌는가. 사랑하는 관계에서 사람은 커진다. 나르시시즘적 관계에서 사람은 작아진다. 자기 감각을 잃고, 자기 판단을 의심하고, 자기 필요를 뒤로 미룬다. 작아지고 있다면, 그것은 사랑이 아니다. 그리고 그것은 당신의 잘못이 아니다. 패턴에 이름을 붙이는 순간, 당신은 이미 그 구조 바깥에 한 발을 내디딘 것이다.

컨버그 더 읽기

- 『경계선 장애와 병리적 나르시시즘』 컨버그 이론의 원전 — 난이도 ★★★★☆
- 『나르시시즘의 심리학』 샌디 호치키스, 나르시시즘 대중 분석서 — 난이도 ★★☆☆☆

카프만의
드라마 삼각형

우리는 피해자, 구원자, 가해자를 돌아가며 연기한다

05

Stephen Karpman

모든 싸움에서 피해자이기만 한 사람은 없다. 카프만의 이론을 안다는 것은 '드라마 삼각형'이라는 도식을 외우는 게 아니다. 같은 싸움 안에서 내가 피해자였다가, 가해자였다가, 구원자였다는 것을 보는 것이다. 그리고 나도 예외가 아니라는 것을 받아들이는 것이다.

싸움이 끝나고 나서

싸움이 끝났다. 방 안이 조용하다. 무슨 말을 했는지 기억이 난다. 당신이 한 말도, 상대가 한 말도. 그 말들이 아직 공기 안에 떠 있는 것 같다. 돌이킬 수 없는 것들. 어떻게 시작됐는지가 회미하다. 분명히 작은 것이었다. 설거지였나. 약속 시간이었나. 별것 아닌 것이었다. 그런데 갑자기 커졌다. 어느 순간부터 그 주제가 아니었다. 오래된 것들이 나왔다. "항상 그래." "맨날 이런 식이지." 이번 일이 아니라 전부가 다 올라왔다. 그리고 각자 한쪽 구석에 있다.

당신은 생각한다. 내가 먼저 공격한 게 아니었다. 상대가 먼저 말을 꺼냈다. 나는 반응한 것이다. 상처받아서 말한 것이다. 내가 가해자가 아니다. 상대도 생각하고 있을 것이다. 자기가 먼저 뭔가를 한 건 당신이라고. 자기는 참다가 말한 것이라고.

둘 다 자신이 피해자라고 느낀다. 둘 다 상대가 가해자라고 생각한다. 그런데 어떻게 같은 싸움에서 둘 다 피해자일 수 있는가. 스티븐 카프만Stephen Karpman은 그게 가능하다고 말한다. 그리고 그것이 가능한 이유를 삼각형 하나로 설명한다.

동화에서 발견한 인간의 구조

카프만이 출발한 것은 뜻밖에도 동화였다. 신데렐라를 보라. 신데렐라는 피해자다. 계모와 언니들은 가해자다. 왕자는 구원자다. 잠자는 숲 속의 공주도 같다. 백설공주도 같다. 수천 년 동안 전해져 온 이야기들이 같은 구조를 반복한다.

카프만은 물었다. 이 구조가 왜 수천 년간 반복되는가. 이야기가 그렇게 만들어진 게 아니라, 인간 관계가 원래 그런 것 아닌가. 1968년, 그는 드라마 삼각형Drama Triangle이라는 모델을 발표했다. 단 한 장의 다이어그램이었다. 삼각형 하나에 꼭짓점 세 개. 하지만 이 다이어그램이 반세기 넘게 심리 치료와 코칭 분야에서 가장 많이 인용되는 모델 중 하나가 됐다.

세 가지 의자

드라마 삼각형에는 세 꼭짓점이 있다. 세 개의 의자라고 생각해도 된다. 싸울 때 우리는 이 세 의자를 돌아가며 앉는다.

피해자Victim

무력하다고 느끼는 의자다. "나는 아무것도 할 수 없어." "나는 항상 이렇게 당해." "왜 나한테만 이런 일이 생겨." 피해자는 자기 문제를 해결할 능력이 없다고 느낀다. 구원자를 필요로 한다. 책임을 지지 않는다.

한 가지 짚어야 할 것이 있다. 피해자 역할을 하는 사람이 실제로 피해를 입은 사람이 아닐 수 있다. 피해자는 감정적 포지션이다. 실제로 상처받지 않았어도 이 의자에 앉을 수 있다. 그리고 실제로 심각한 피해를 입었어도 이 의사를 거부히는 사람이 있다.

가해자 Persecutor

통제하고 비판하고 공격하는 의자다. "네가 문제야." "항상 이런 식이지." "도대체 왜 그러는 거야." 가해자는 상대를 탓한다. 비난하고, 규칙을 강요하고, 자기가 옳다고 확신한다.

구원자 Rescuer

도우려는 의자다. "내가 해결해줄게." "걱정 마, 내가 있잖아." "네가 못하면 내가 할게." 구원자는 피해자를 돕는다. 여기까지만 보면 좋은 역할 같다. 하지만 이 의자가 세 개 중 가장 교묘하다.

착한 사람이 가장 위험한 의자에 앉아 있다

———

구원자가 가장 교묘한 이유가 있다. 구원자가 피해자의 문제를 대신 해결해주면, 피해자는 스스로 해결하는 능력을 키우지 못한다. 다음에 같은 문제가 생기면 다시 구원자를 찾는다. 구원자는 또 해결해준다. 피해자는 계속 무력하다. 여기서 구원자의 진짜 동기가 드러난다. 구원자는 필요한 존재가 되고 싶다. 자기가 도움이 되는 사람이라는 것을 확인하고 싶다. 피해자가 스스로 해결해버리면 구원자는 필요 없어진다. 그래서 무의식적으로, 피해자가 무력한 상태로 있는 것을 용인한다.

한번 점검해보라. 당신의 관계에서 항상 해결해주는 쪽이 있는가. 혹은 당신이 항상 해결해주는 쪽인가. 처음엔 든든함으로 느껴진다. "이 사람이 나를 챙겨준다." 시간이 지나면서 의존과 통제로 굳어진다. 해결받는 쪽은 점점 무력해지고, 해결해주는 쪽은 점점 지친다. 그런데 그 구조를 깨면 둘 다 불안해진다.

구원자가 위험한 이유는 나빠서가 아니다. 자기가 좋은 일을 하고 있다고 믿기 때문이다. 그 믿음이 구조를 보이지 않게 만든다. 돕는다는 이름으로 상대를 무력하게 만들고 있다는 것을 보지 못한다.

지금 관계에서 자신이 주로 어느 의자에 앉아 있는가. 피해자인가, 가해자인가, 구원자인가. 그리고 그 의자가 고정되어 있는가, 상황에 따라 바뀌는가. 가장 익숙한 의자가 당신의 기본 역할이다.

한 번의 싸움에서 의자가 세 번 바뀐다

드라마 삼각형에서 역할은 고정되어 있지 않다. 같은 갈등 안에서 역할이 바뀐다. 그리고 너무 빠르게 바뀌어서 자기가 이동했다는 것을 인식하지 못한다. 장면 하나를 따라가보라.

그는 늦게 들어왔다. 그녀는 화가 났다. 그를 비난한다. "또 늦었지. 항상 이런 식이야." (가해자)

그는 방어하다가 폭발한다. "왜 맨날 잔소리야. 나도 힘들어." 그녀에게 소리 친다. (가해자)

그녀는 상처받아 운다. "나는 항상 혼자야." (피해자)

그는 미안함을 느낀다. 다가가서 달랜다. "미안해, 내가 잘못했어." (구원자)

그녀가 거부한다. "됐어, 만지지 마."

그는 다시 화가 난다. "내가 사과하는데도 이래?" (가해자)

그녀는 다시 운다. (피해자)

이 장면에서 두 사람은 5분 안에 삼각형을 몇 바퀴 돌았다. 누가 피해자이고 누가 가해자인가. 고정되어 있지 않다. 그래서 싸움이 끝나고 나서 둘 다 자기가 피해자라고 느끼는 것이다. 맞다. 둘 다 피해자였다. 하지만 둘 다 가해자이기도 했다. 그리고 한쪽은 구원자이기도 했다.

"드라마 삼각형에서 싸움의 내용은 중요하지 않다. 역할이 바뀌
는 순간 싸움이 새로운 국면으로 넘어간다."

—『A Game Free Life』

어린 시절에 배운 의자

이 역할은 어디서 오는가. 카프만은 각자가 선호하는 진입 역할
이 있다고 봤다. 갈등이 생기면 가장 먼저 앉는 의자. 그것이 어린 시
절에 학습된 것이다. 어린 시절 부모가 싸울 때 당신은 어떤 역할이
었는가. 달래는 아이였는가. 부모 사이에 끼어서 화해시키려 했는
가. "엄마 아빠 싸우지 마." 그렇다면 구원자가 기본 의자일 가능성이
높다. 성인이 되어서도 파트너의 문제를 자동으로 해결하려 한다.
도움이 거부되면 상처받는다.

모든 것의 원인으로 지목된 아이였는가. "네가 이래서 엄마가 힘
들다." 그렇다면 피해자가 기본 의자일 수 있다. 갈등이 생기면 무력
감을 먼저 느낀다. 자기가 할 수 있는 것이 없다고 느낀다. 위협을 느
끼면 먼저 공격했던 아이였는가. 강해져야 살아남는다고 배웠는가.
그렇다면 가해자가 기본 의자다. 취약해지는 것이 두렵다. 공격이
그 취약함을 가리는 방어다.

세 가지 진입 역할이 모두 불안에서 나온다. 방식이 다를 뿐이다.
어린 시절에 형성된 것이기 때문에, 의식하지 않으면 평생 같은 의

자에 먼저 앉는다. 상대가 바뀌어도.

삼각형이 스스로를 유지하는 방식

같은 갈등이 반복되는 이유가 여기 있다. 삼각형이 한 번 완성되면 그 구조가 유지되려는 경향이 있다. 각 역할이 다른 역할을 필요로 하기 때문이다. 피해자는 가해자와 구원자 없이 존재할 수 없다. 구원자는 피해자 없이는 도울 대상이 없다. 가해자는 비난할 대상이 없으면 포지션이 없다. 세 역할이 서로를 유지시킨다.

그래서 한 사람이 역할을 거부하면 다른 사람이 불안해진다. 구원자 역할을 항상 해왔던 사람이 어느 날 말한다. "나는 더 이상 네 문제를 해결해주지 않겠어." 피해자 역할을 해왔던 상대는 배신당했다고 느낀다. 가해자로 전환한다. "당신은 이기적이야." 구원자는 죄책감을 느끼고 다시 구원자로 돌아간다. 삼각형이 복원됐다. 나 혼자 역할을 바꾸려 해도, 구조가 당긴다.

삼각형 밖에도 자리가 있다

카프만의 삼각형을 보고 나면 질문이 생긴다. 빠져나갈 수 있는가. 데이비드 에머랄드는 같은 세 꼭짓점을 가진 대안 모델을 제시했다. 임파워먼트 다이나믹Empowerment Dynamic. 구조는 같지만 방향이 다르다.

피해자 대신 창조자Creator

문제에 압도되는 것이 아니라 자기가 원하는 것을 향해 움직이는 포지션. "나는 무력하다"가 아니라 "나는 무엇을 원하는가"를 묻는 것.

가해자 대신 도전자Challenger

비난하고 통제하는 것이 아니라 상대가 성장할 수 있도록 도전을 제시하는 포지션. "네가 문제야"가 아니라 "이것을 다르게 해볼 수 있지 않을까"를 묻는 것.

구원자 대신 코치Coach

대신 해결해주는 것이 아니라 상대가 스스로 해결할 수 있도록 지원하는 포지션. "내가 해줄게"가 아니라 "네가 어떻게 하고 싶어?"를 묻는 것. 전환은 쉽지 않다. 드라마 삼각형의 역할은 깊이 각인되어 있다. 하지만 전환은 항상 같은 곳에서 시작된다. 지금 자신이 어느 의자에 앉아 있는지를 보는 것.

다음 싸움이 시작될 때

파트너와 갈등이 생길 것이다. 크든 작든. 설거지일 수도 있고, 연락 빈도일 수도 있고, 돈 문제일 수도 있다. 그 순간 당신 안에서 익숙한 의자가 당길 것이다. 피해자의 의자가 편한 사람은 무력감이 먼저 올 것이다. 가해자의 의자가 편한 사람은 공격이 먼저 나올 것이다. 구원자의 의자가 편한 사람은 해결하려는 충동이 먼저 올 것이다.

그 충동이 오는 순간, 한 번만 멈춰보라. 지금 나는 어느 의자에 앉으려 하는기. 이 의자에 앉으면 상대는 어느 의자로 가게 되는가. 카프만이 보여준 것은 싸움의 내용이 아니라 싸움의 구조다. 내용은 매번 다르다. 하지만 구조는 반복된다. 피해사, 가해자, 구원자. 의자는 세 개고, 우리는 돌아가며 앉는다. 의자를 볼 수 있는 사람만이 의자를 선택할 수 있다. 그리고 의자를 선택할 수 있는 사람만이, 삼각형 밖에서 대화를 시작할 수 있다.

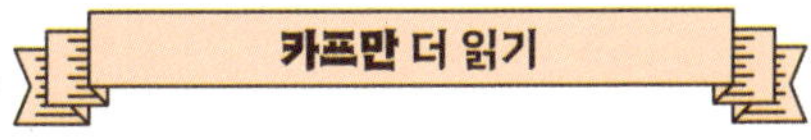

• 「Fairy Tales and Script Drama Analysis」 드라마 삼각형을 처음 발표한 논문 난이도 ★★☆☆☆

사르트르의 타자론

사랑은 자유를 소유하려는 불가능한 기획이다

06

Jean-Paul Sartre

자유가 사라진 선택은 의미가 없다. 사르트르는 이 모순에서 눈을 돌리지 않았다. 사르트르의 철학을 안다는 것은 '타자론'이라는 개념을 외우는 게 아니다. 사랑이 본질적으로 안고 있는 불가능을, 환상 없이 직면하는 것이다.

시선이 닿는 순간

카페에 앉아 있었다. 창가 자리였다. 커피를 마시며 책을 읽고 있었다. 혼자였고, 그것이 편안했다. 그때 누군가의 시선이 느껴졌다. 돌아보지 않아도 알 수 있있다. 누군가 나를 보고 있다. 그 순간 뭔가가 달라졌다. 방금 전까지 그냥 커피를 마시고 책을 읽는 사람이었는데, 갑자기 "창가에 앉아서 커피를 마시며 책을 읽는 사람"이 됐다. 타인의 눈에 비치는 나를 의식하기 시작했다. 자세가 달라졌다. 책 넘기는 방식이 달라졌다. 자연스럽게 있으려고 노력하는 순간, 디 이상 자연스럽지 않았다. 혼자 걷다가 누군가 보고 있다는 것을 느끼는 순간. 혼자 밥을 먹다가 옆 사람의 시선이 느껴지는 순간. 아무렇지 않았던 행동이 갑자기 의식된다. 그 불편함이 어디서 오는지 생각해본 적 있는가.

장폴 사르트르_{Jean-Paul Sartre}는 이 순간을 철학의 핵심 문제로 만들었다. 타인의 시선이 나를 어떻게 변환시키는가. 그리고 사랑하는 사람의 시선 앞에서 우리가 왜 가장 자유롭고 동시에 가장 취약해지는가.

점령당한 파리에서 쓴 자유의 철학

———

1943년, 독일군이 점령한 파리에서 사르트르는 『존재와 무』를 출판했다. 800페이지가 넘는 이 저작의 한가운데에 타자론이 있다. 사르트르가 이 책을 쓴 시기가 중요하다. 자유를 빼앗긴 도시에서 자유에 대해 썼다. 거리에는 나치 군인이 순찰을 돌았고, 사람들은 감시의 시선 아래 살았다. 누군가의 시선에 고정되는 것이 어떤 의미인지를 파리 시민 전체가 몸으로 경험하고 있었다.

사르트르는 타인의 존재가 나의 존재를 근본적으로 위협한다고 봤다. 타인이 나를 볼 때, 나는 객체가 된다. 자유롭게 존재하던 주체가 타인의 시선 안에서 고정된 무언가로 바뀐다. 그리고 그 고정을 벗어나려 하지만 벗어날 수 없다. 그의 희곡 『닫힌 방』에 나오는 문장이 여기서 온다.

"타인이 지옥이다L'enfer, c'est les autres."

세상에서 가장 오해받는 문장

———

이 문장은 "사람들은 나쁘다" 혹은 "혼자 있는 게 낫다"는 의미로 자주 읽힌다. 전혀 다른 뜻이다. 『닫힌 방』의 설정을 따라가보자. 세 사람이 죽어서 같은 방에 갇힌다. 탈출할 수 없다. 서로의 시선에서 벗어날 수 없다. 거울도 없다. 눈도 감을 수 없다. 자기가 어떤 사람인지를 상대방의 눈에 비친 모습으로만 확인할 수 있다. 그 이미지를 통제할 방법이 없다. 영원히.

사르트르가 말한 지옥은 타인이 나쁘다는 것이 아니다. 타인의 시선이 나를 고정시키는 구조에서 벗어날 수 없다는 것이다. 나는 항상 누군가의 눈에 특정한 무언가로 보인다. 그 시선을 완전히 통제할 수 없다.

역설적으로, 타인의 시선이 없으면 나는 나의 존재를 온전히 알 수 없다. 거울 없이 자기 얼굴을 볼 수 없듯이. 타인이 지옥이지만, 그 지옥 없이 나는 불완전하다.

사랑하는 사람 앞에서 유독 자연스럽지 못했던 순간을 떠올려보라. 잘 보이고 싶은데 그럴수록 어색해지는 경험. 그 불편함이 어디서 오는지. 상대의 시선이 나를 특정한 무언가로 만들고 있다는 감각에서 온다. 사르트르는 그것이 피할 수 없는 구조라고 말한다.

사랑하는 사람 앞에서 가장 취약해지는 이유

사르트르는 타인의 시선이 만드는 가장 강렬한 감정으로 수치심을 지목했다. 혼자 거울 앞에서 춤을 추고 있다. 음악에 빠져 있다. 자유롭다. 아무도 보지 않는다. 그런데 갑자기 문이 열리고 누군가 들어온다. 순간 멈춘다. 얼굴이 빨개진다. 왜? 나쁜 짓을 한 게 아니다. 하지만 수치심이 밀려온다.

수치심은 나쁜 행동에서 오는 것이 아니다. 보여지는 것 자체에서 온다. 혼자 있을 때는 수치심이 없다. 타인의 시선이 있어야 수치심이 생긴다. 타인의 시선이 나를 고정시키기 때문이다. 내가 스스로 정의하지 않은 방식으로 규정되는 것이 불편하다. 사랑하는 사람 앞에서 이것이 가장 강하게 나타난다. 다른 사람의 시선은 일시적이다. 지나가면 그만이다. 하지만 사랑하는 사람의 시선은 지속된다. 나의 약점을 안다. 나의 두려움을 안다. 내가 숨기고 싶은 것들을 안다. 그 사람의 눈에 비친 나는 내가 통제할 수 없는 이미지다.

그 사람의 눈에 비친 나는 내가 통제할 수 없는 이미지다. 그러면서도 보이기를 원한다. 이 모순이 친밀함의 구조다. 가장 가까운 사람에게 가장 취약해진다. 가장 사랑하는 사람의 시선이 가장 무섭다.

"의식들 사이 관계의 본질은 함께-있음이 아니다. 갈등이다."

— 『존재와 무』

사랑이 원하는 불가능한 두 가지

———

사르트르는 사랑을 하나의 기획project으로 봤다. 그리고 그 기획이 구조적으로 실패할 수밖에 없다고 봤다. 사랑하는 사람에게 원하는 것이 무엇인가.

첫째, 상대가 자유롭게 나를 선택하기를 원한다. 강요가 아니라, 의무가 아니라, 상대가 자유의지로 나를 사랑해주기를. 자유롭지 않은 선택은 사랑이 아니라 복종이다.

둘째, 그 선택이 변하지 않기를 원한다. 안정적이기를. 상대가 다른 선택을 하지 않기를. 상대의 마음이 항상 나를 향해 있기를.

이 두 가지를 동시에 원한다. 그리고 이 두 가지는 양립할 수 없다. 자유로운 존재는 언제든 다른 선택을 할 수 있다. 상대의 사랑이 자유로운 선택이어야 한다면, 그 자유에는 나를 사랑하지 않을 자유도 포함된다. 안정적인 사랑을 원한다면, 상대의 자유를 제한해야 한다. 자유로운 사랑을 원하는 것과 영원한 사랑을 원하는 것. 둘 다 원하지만 둘 다 가질 수 없다. 사랑은 자유를 소유하려는 불가능한 기획이다. 자유는 소유되는 순간 자유이기를 멈추기 때문이다.

복종하거나 통제하거나

사랑의 기획이 실패한 후, 인간은 두 가지 대안을 시도한다.

. 내 자유를 포기하고 상대의 시선 안에서 살기로 하는 것. "당신이 원하는 사람이 되겠다." 왜 실패하는가. 상대가 원했던 것은 자유로운 존재가 자기를 선택하는 것이었다. 자유를 포기한 순간, 상대는 자유로운 존재를 사랑하는 것이 아니라 인형을 가진 것이다. 상대가 너무 맞춰줘서 오히려 답답했던 적이 있는가. "왜 맨날 내 말만 따라와?" 자기 의견이 없는 사람에게 끌림이 사라지는 이유가 여기 있다. 복종은 사랑을 죽인다.

. 상대가 다른 선택을 할 수 없도록. 상대의 자유를 제한하는 것. 이것도 실패한다. 통제받는 상대는 더 이상 자유로운 존재가 아니다. 자유로운 선택이 아닌 사랑은 무게가 없다. 감금된 사람의 "사랑해"는 의미가 없다. 인간은 이 두 태도 사이에서 진동한다. 맞춰주다가 통제하고, 통제하다가 맞춰주고. 균형을 찾으려 하지만 찾을 수 없다. 구조적으로 불가능하기 때문이다.

질투는 왜 피할 수 없는가

사르트르의 이론에서 질투는 필연적이다. 상대를 사랑한다. 상대가 자유로운 존재라는 것을 안다. 그 자유가 언제든 다른 방향을 향할 수 있다는 것도 안다. 그래서 불안하다. 그 불안이 질투가 된다. 질투는 상대를 믿지 못해서 생기는 것이 아니다. 상대가 자유로운 존재라는 것을 너무 잘 알기 때문에 생긴다. 자유로운 존재는 변할 수 있다. 그 가능성이 질투를 만든다.

상대가 영원히 나만 선택할 것이라고 100% 확신하는가. 그 확신이 흔들리는 순간이 있지 않은가. 그 흔들림이 질투다. 상대가 뭘 잘못해서가 아니다. 상대가 자유롭기 때문이다. 질투하면 통제하려 한다. 통제하면 상대가 저항한다. 저항하면 더 질투한다. 질투가 질투를 먹고 자란다. 사르트르는 이것이 사랑에서 피할 수 없는 역학이라고 봤다.

사르트르와 보부아르

사르트르의 타자론을 이해하려면 그의 삶을 봐야 한다. 사르트르는 평생 시몬 드 보부아르Simone de Beauvoir와 함께했다. 하지만 두 사람은 결혼하지 않았다. 각자의 자유를 유지하는 개방적 관계를 선택했다. 서로에게 "필수적 사랑essential love"을 유지하면서 다른 관계도 허용했다. 상대의 자유를 소유하지 않는 것. 자유로운 존재로서의 상대를 인정하는 것. 이론의 실천처럼 보인다.

하지만 현실은 이론보다 지저분했다. 보부아르는 사르트르의 다른 관계들에 고통받았다. 사르트르는 보부아르의 다른 관계를 알면서도 질투했다. 자유의 비용이 동등하지도 않았다. 사르트르는 더 자유로웠고, 보부아르는 더 많이 감당했다. 사르트르는 자유를 이론화했다. 보부아르는 그 이론이 현실에서 어떻게 작동하는지를 몸으로 살았다. 그리고 보부아르는 나중에 사르트르의 이론이 놓친 것을 정확히 짚었다. 자유는 추상적으로 동등하지만, 현실에서는 누가 더 많이 감당하는지가 다르다.

지금 관계에서 상대의 자유가 불안하게 느껴지는 순간이 있는가. 그 불안을 없애려고 통제하려 한 적이 있는가. 혹은 불안을 피하려고 자기를 맞추려 한 적이 있는가. 그 불안이 사라지지 않는 것은 당신이 약해서가 아니다. 상대가 진짜로 자유로운 존재이기 때문이다.

불가능 앞에서 사랑을 선택하는 것

내일 아침 당신은 사랑하는 사람의 얼굴을 볼 것이다. 잠에서 깬 그 얼굴을. 무방비한 그 표정을. 그 사람은 자유로운 존재다. 언제든 다른 선택을 할 수 있다. 당신을 사랑하지 않을 자유가 있다. 떠날 자유가 있다. 변할 자유가 있다. 그 자유를 소유할 수 없다. 통제할 수 없다. 보장받을 수 없다.

사르트르는 이 모순을 해소하지 않았다. 해소할 수 없다고 봤다. 하지만 이 모순 앞에서 할 수 있는 것이 하나 있다. 상대의 자유를 인정하면서도 함께하기로 선택하는 것. 그 선택이 매일 갱신되어야 한다는 것을 아는 것. 어제 선택했다고 오늘도 선택한 것이 아니다. 오늘 선택했다고 내일도 선택할 것이 보장되지 않는다. 사랑은 완성되지 않는다. 매일 다시 시작된다. 이것이 사랑을 불안하게 만들지만, 동시에 의미 있게 만든다. 상대가 자유롭기 때문에 상대의 선택이 가치가 있다. 다른 선택도 할 수 있는데 나를 선택한다는 것. 떠날 수 있는데 남아 있다는 것. 그것이 사랑의 무게다.

파국의 가능성이 없는 사랑은 없다. 하지만 파국의 가능성이 있기 때문에 사랑은 무게를 갖는다. 보장된 사랑은 가벼울 것이다. 보장되지 않기 때문에 무겁다. 내일 아침, 옆에 있는 사람의 얼굴을 볼 때, 한 번만 생각해보라. 이 사람은 오늘도 여기 있기로 선택했다. 떠날 수 있었는데 남았다. 그 자유로운 선택이, 어떤 보장보다 무겁다.

- 『존재와 무』 사르트르 철학의 주저 난이도 ★★★★★
- 『닫힌 방』 "타인이 지옥이다"가 나온 희곡. 짧지만 강렬하다 난이도 ★★☆☆☆

키르케고르의
유혹자의 일기

소유하는 순간 흥미를 잃는 인간의 구조

07

Søren Kierkegaard

키르케고르의 철학을 안다는 것은 '심미적 실존'이라는 개념을 외우는 게 아니다. 키르케고르처럼 설렘이 사라진 원인을 상대가 아니라 욕망 자체의 구조에서 찾는 것이다.

원하던 것을 얻었는데

드디어 됐다. 몇 달을 기다렸다. 연락하고, 만나고, 조심스럽게 다가 갔다. 상대가 마음을 열기 시작했다. 고백했다. 받아들여졌다. 그래서 행복한가. 사귀기 시작한 지 일주일 됐다. 답장이 온다. 당연히 온다. 이제 사귀니까. 그런데 사귀기 전에는 답장 하나에 하루가 달라 졌다. 올까 안 올까 기다리는 그 시간이 지금보다 더 설렜다. 한 달이 지났다. 만나면 좋다. 하지만 처음의 그 강렬함이 없다. 예전에는 다음에 뭘 할지 상상만 해도 심장이 뛰었는데, 지금은 "뭐 먹을까?"가 가장 큰 고민이다. 석 달이 지났다. 상대가 "별거 아닌 것 같다"는 느낌이 슬쩍 든다. 다른 사람이 눈에 들어오기 시작한다. 저 사람은 좀 다를 것 같다는 생각이 든다. 이게 무슨 삼각인가. 이 사람이 아닌 건가. 내가 문제인가. 아니면 원래 다 이런 건가.

쇠렌 키르케고르 Søren Kierkegaard 는 이것이 당신의 문제가 아니라고 말한다. 하지만 해결책이 있다고도 말하지 않는다. 이것이 인간 욕망의 구조라고 말한다. 그리고 자기 자신을 해부해서 그것을 증명했다.

자신을 소설로 해부한 남자

————

1843년, 키르케고르는 『이것이냐 저것이냐』를 출판했다. 이 책의 1부에 「유혹자의 일기」가 포함되어 있다. 요하네스라는 인물이 코르델리아라는 여성을 유혹하는 과정을 일기 형식으로 기록한 것이다. 픽션이지만 픽션이 아니었다. 키르케고르는 실제로 레기네 올센Regine Olsen이라는 여성과 약혼했다가 파혼했다. 레기네가 열다섯 살 때 만났다. 키르케고르는 스물다섯이었다. 3년 뒤 약혼했다. 그리고 1년 뒤 파혼했다. 일방적으로.

이유는 명확하지 않았다. 레기네도, 주변 사람들도, 아마 키르케고르 자신도 완전히 이해하지 못했다. 「유혹자의 일기」는 그 경험의 철학적 해부였다. 자기가 왜 그랬는지를 이해하려는 글이었다. 동시에 레기네를 위한 글이기도 했다. 자신을 악당으로 그려서, 그녀가 자신을 놓아줄 수 있도록.

유혹의 설계도

————

요하네스가 코르델리아를 유혹하는 방식을 따라가보라. 그는 처음엔 코르델리아에게 전혀 관심이 없는 척한다. 다른 여성들에게 관심을 보이면서 코르델리아가 자신에 대해 궁금해하게 만든다. 그 다음엔 우연을 가장한 만남들을 만들어낸다. 그 다음엔 편지를 쓴다.

열정적인 편지가 아니다. 수수께끼 같은 편지다. 코르델리아가 해석하게 만드는 편지.

그는 코르델리아를 먼저 그의 방식으로 교육한다. 단순하고 평범하게 살아왔던 코르델리아를 더 복잡한 감정과 사고를 할 수 있는 사람으로 만든다. 그리고 그 변화를 만든 자신에게 그녀가 끌리도록 설계한다. 핵심은 이렇다. 요하네스가 원하는 것은 코르델리아가 아니다. 유혹 자체다.

코르델리아가 자기를 원하게 되는 과정이 흥미롭다. 불확실성이 흥미롭다. 다음에 어떻게 될지 모르는 그 긴장이 흥미롭다. 상대가 조금씩 마음을 여는 것을 보는 것이 흥미롭다. 그런데 코르델리아가 완전히 자기에게 속하는 순간, 일기는 끝난다. 요하네스의 흥미가 사라졌기 때문이다. 더 이상 쓸 것이 없다. 가능성이 닫혔다. 가능성이 닫히면 욕망도 닫힌다. 키르케고르는 이것을 단순히 요하네스의 악함으로 묘사하지 않았다. 그보다 더 불편한 것을 봤다. 인간이라면 한 번쯤 빠지는 구조를.

무언가를 간절히 원하다가 얻은 후에 시들해진 경험이 있는가. 연애뿐 아니라 목표, 물건, 지위도 마찬가지다. 얻기 전과 얻은 후의 감각 차이가 크다면, 키르케고르가 말하는 구조를 경험한 것이다. 욕망은 부재에서 산다.

밀당은 왜 작동하는가

요하네스의 전략은 현대 연애에서 너무나 익숙한 이름으로 불린다. 밀당. 의도적인 관심의 조절. 답장을 일부러 늦게 한다. 만남 후에 연락을 끊는다. 관심을 줬다가 거둔다. 상대가 확신을 갖지 못하게 만든다. 왜 효과적인가. 불확실성이 욕망을 유지시키기 때문이다. 상대가 완전히 예측 가능해지면 욕망이 사라진다. 불확실성이 있어야 욕망이 살아있다. 하지만 키르케고르의 일기는 한 층 더 불편한 질문을 던진다. 이 구조에서 누가 갇혀 있는가.

상대를 불확실하게 만들어서 자신에게 집중하게 만드는 사람은 요하네스다. 하지만 그 불확실성에 반응해서 더 강하게 끌리는 사람은 코르델리아만이 아니다. 자기 자신의 욕망을 채우려는 요하네스 자신이기도 하다. 유혹자는 상대를 유혹하면서 자기도 그 구조에 갇힌다. 소유하면 흥미를 잃기 때문에 절대 완전히 소유하지 않으려 한다. 항상 거리를 유지한다. 결국 아무것도 갖지 못한다. 키르케고르는 요하네스를 단순한 악당으로 그리지 않았다. 읽다 보면 보인다. 이 사람이 가장 불쌍한 사람이라는 것이.

세 가지 삶의 단계

키르케고르는 인간의 삶에 단계가 있다고 봤다. 실존의 세 단계다.

심미적 단계 Aesthetic Stage

아름다움, 쾌락, 감각적 경험을 쫓는다. 요하네스가 바로 이 단계에 있다. 순간적인 쾌락, 강렬한 경험, 새로운 것을 찾아 이동한다. 지루함이 적이다. 권태가 오면 새로운 것을 찾는다. 소유하면 흥미를 잃는다. 새로운 사람을 만날 때 가장 설레고, 관계가 안정되면 흥미를 잃는 것. 이것이 심미적 단계의 연애다.

윤리적 단계 Ethical Stage

일시적인 감각이 아니라 지속적인 헌신을 선택한다. 한 사람을 선택하고 그 선택을 유지하기로 결정하는 것. 새로움이 아니라 깊이를 찾는 것. 키르케고르에게 결혼은 이 단계의 상징이었다.

종교적 단계 Religious Stage

키르케고르가 가장 높은 것으로 본 단계이지만, 하지만 이 책의 범위를 넘어간다.

키르케고르는 요하네스를 심미적 단계에 갇힌 인물로 그렸다. 심미적 단계에 있는 사람은 욕망이 충족되는 순간 새로운 욕망을 찾아야 한다. 끝이 없다. 권태에서 도망치다가 결국 권태 자체가 삶의 구조가 된다.

"시골 생활에 싫증이 나면 도시로 간다. 조국에 싫증이 나면 외국으로 간다. 도자기 식기에 싫증이 나면 은식기로 먹고, 그것도 싫증이 나면 금식기로 먹고, 로마의 절반을 불태워 트로이의 대화재를 구경한다. 이 방법은 스스로를 패배시킨다."

—『이것이냐 저것이냐』

권태 — 심미주의자의 지옥

———

키르케고르에게 권태^{boredom}는 심미적 삶의 가장 큰 위협이었다. 단순한 심심함이 아니라 존재 자체가 메마르는 감각이었다. 새로운 것을 찾아 이동하는 삶은 권태를 피하기 위한 것이다. 그런데 권태는 피할수록 더 빠르게 온다. 새로운 자극의 수명이 점점 짧아진다. 처음엔 한 달이었던 설렘이 일주일이 되고, 며칠이 되고, 하루가 된다.

키르케고르는 이것을 "윤작^{crop rotation}"의 비유로 설명했다. 농부가 같은 땅에 같은 작물을 계속 심으면 땅이 메마른다. 다른 작물로 바꿔야 한다. 심미주의자는 이 원리를 삶에 적용한다. 지루해지면 바꾼다. 새로운 것으로. 그런데 땅을 바꿔도 땅을 가는 것은 같은 사람이다. 결국 어디서든 같은 권태가 기다리고 있다.

상대가 아직 닿지 않는 영역이 있을 때 설렌다. 상대를 완전히 알게 됐을 때 설렘이 줄어든다. 새로운 사람에게 눈이 간다. 그 사람도 시간이 지나면 같아진다. 키르케고르는 이 패턴을 윤리적 단계로의 이행 없이는 벗어날 수 없다고 봤다. 선택하고 그 선택에 머무는 것. 새로움이 아니라 깊이를 찾는 것. 하지만 그 이행이 쉽지 않다는 것도 알고 있었다. 자기 자신이 그 증거였다.

선택이 두려운 진짜 이유

키르케고르에게 불안Angst은 나쁜 것에 대한 두려움이 아니다. 자유에 대한 두려움이다. 내가 선택할 수 있다는 것, 그리고 그 선택이 모든 것을 바꿀 수 있다는 것에서 오는 어지러움이다. 키르케고르는 이것을 "자유의 현기증the dizziness of freedom"이라고 불렀다. 절벽 끝에 서 있을 때 느끼는 것. 떨어질 것이 두려운 게 아니라 뛰어내릴 수도 있다는 것이 두렵다.

사랑 앞에서 이 불안이 극대화된다. 좋은 사람을 만났다. 계속 만나고 싶다. 하지만 결정을 못 한다. 확신이 없다. 더 좋은 사람이 있을 것 같다. 아직 결정하기 이르다. 키르케고르는 이것이 더 좋은 선택을 찾는 것이 아닐 수 있다고 봤다. 선택 자체의 불안에서 도망치는 것일 수 있다고. 선택하지 않으면 가능성이 닫히지 않는다. 모든 것이 열려 있다. 그것이 자유처럼 느껴진다.

하지만 모든 가능성이 열려 있다는 것은, 아무것도 현실이 되지 않았다는 뜻이기도 하다. 선택하지 않는 자유는, 아무것도 갖지 못하는 자유다. 요하네스의 문제가 여기 있었다. 그는 항상 가능성 안에서만 살았다. 완전히 선택하는 것을 피했다. 그것이 심미적 단계의 본질이다. 그리고 그것이 그를 가장 불행한 사람으로 만들었다.

레기네 올센 — 이론이 아닌 현실

파혼은 일방적이었다. 레기네 쪽에서 원한 것이 아니었다. 레기네는 충격을 받았다. 키르케고르도 평생 그 파혼을 잊지 못했다. 이후 저작들에서 레기네가 계속 등장한다. 직접 이름을 쓰진 않았지만, 읽는 사람이 읽으면 알 수 있게 써놓았다. 왜 파혼했는가. 키르케고르는 명확히 설명하지 않았다. 자기가 레기네를 행복하게 해줄 수 없다고 생각했다는 해석이 있다. 자기 안의 어두움 때문이었다는 해석도 있다. 혹은 「유혹자의 일기」에서 묘사된 그 구조, 소유하는 순간 흥미를 잃는 그 구조를 자신 안에서 발견했기 때문이라는 해석도 있다.

키르케고르는 평생 레기네와 결혼하지 못한 것을 후회했다. 그리고 결혼하지 않은 것이 옳았다고도 생각했다. 이 두 감정이 공존했다. 그것이 그의 글 전체에 남아 있다. 죽기 전, 그는 친구에게 말했다. 모두에게 안부를 전해달라고. 자기는 그들 모두를 좋아했다고. 자기 삶은 큰 고통이었지만 사람들은 그것을 몰랐다고. 소유하는 순간 흥미를 잃는 구조를 발견한 사람이, 그 구조 안에서 평생을 살았다.

다음 설렘이 올 때

다음 주, 혹은 다음 달에, 누군가 새로운 사람이 나타날 수 있다. 설렘이 올 것이다. 이 사람은 좀 다를 것 같다는 느낌이 들 것이다. 지금 관계에서 느끼지 못하는 것을 이 사람에게서 느낄 것이다. 그 순간 요하네스를 떠올려보라. 요하네스도 매번 "이번엔 다르다"고 느꼈다. 매번 새로운 코르델리아를 찾았다. 매번 유혹의 과정에서 살아있다고 느꼈다. 매번 소유하는 순간 그것은 끝났다. 새로운 설렘이 진짜인지 아닌지를 구별하는 방법은 하나다. 그 설렘이 상대에게서 오는 것인가, 불확실성에서 오는 것인가. 상대가 완전히 예측 가능해져도 함께 있고 싶은가. 가능성이 닫혀도, 모든 것이 확정되어도, 이 사람 곁에 있고 싶은가.

그 질문 앞에서 "그렇다"고 답할 수 있다면, 그것은 심미적 단계의 설렘이 아니다. 선택이다. 키르케고르가 하지 못한 것을, 당신은 할 수 있을지도 모른다. 혹은 하지 못할 수도 있다. 키르케고르도 하지 못했으니까. 하지만 적어도 자기가 어디에 서 있는지는 알 수 있다. 가능성의 감옥 안에 있는지, 선택의 문 앞에 서 있는지. 그것을 아는 것이 시작이다.

- 『이것이냐 저것이냐』 유혹자의 일기가 포함된 키르케고르의 대표작　난이도 ★★★☆☆

Søren
Kierkegaard

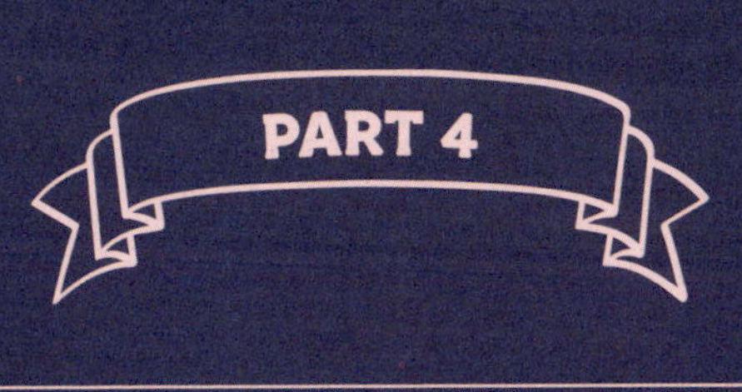

사랑의 기술

잘 사랑하는 법은 배울 수 있다

채프먼의
5가지 사랑의 언어

같은 사랑도 통역이 필요하다

01

Gary Chapman

사랑이 닿지 않을 때, 우리는 양을 의심한다. 충분히 사랑하지 않는 것이라고. 채프먼은 다르게 본다. 양이 아니라 언어가 달랐던 것이라고. 채프먼의 이론을 안다는 것은 '5가지 사랑의 언어'를 외우는 게 아니다. 내가 주고 있는 사랑이 상대에게 닿고 있는지를 점검하는 것이다.

나는 이만큼 하는데

이것은 억울함에 대한 이야기다. 분명히 사랑한다. 아침마다 커피를 타줬다. 피곤해도 집안일을 했다. 생일을 기억했고 선물을 준비했다. 아플 때 옆에 있었다. 이 정도면 충분하다고 생각했다. 그런데 상대는 말한다. 사랑받는 느낌이 들지 않는다고. 이해가 안 된다. 내가 뭘 더 해야 하는가. 나는 이만큼 했는데. 당신도 이런 경험이 있는가. 충분히 노력했다고 생각하는데 상대가 부족하다고 느끼는 것. 혹은 반대로, 상대는 열심히 하는 것 같은데 당신에게 닿지 않는 것.

게리 채프먼Gary Chapman은 이 억울함의 원인이 사랑의 부재가 아니라고 말한다. 언어가 달랐던 것이라고.

30년의 상담이 보여준 패턴

채프먼은 미국의 결혼 상담사다. 30년 넘게 커플을 상담하면서 상담 노트를 분석했다. 같은 패턴이 반복됐다. 사람마다 사랑을 받는 방식이 달랐다. 어떤 사람은 말로 들어야 사랑을 느꼈다. 어떤 사람은 함께 시간을 보내야 느꼈다. 어떤 사람은 몸의 접촉이 있어야 느꼈다.

1992년, 그는 이것을 5가지 사랑의 언어Five Love Languages로 정리했다. 단순해 보이는 프레임이었다. 하지만 이 책은 수백만 부가 팔렸다. 이유가 있었다. 너무 많은 커플이 같은 문제를 가지고 있었기 때문이다.

"우리는 자신의 사랑의 언어로 말하는 경향이 있다. 자신이 사랑받는다고 느끼는 방식으로 상대에게 사랑을 표현한다. 하지만 그것이 상대의 주된 사랑의 언어가 아니라면, 상대에게는 우리에게 의미하는 것만큼 의미하지 않는다."

―『5가지 사랑의 언어』

자신의 언어로 상대를 사랑하는 것은 사랑이 아닐 수 있다. 상대의 언어로 사랑하는 것이 사랑이다.

다섯 가지 언어

———

한번 읽으면서 자신에게 가장 강하게 와닿는 것이 어느 것인지 체크해보라. 그리고 파트너에게 가장 강하게 와닿을 것 같은 것이 어느 것인지도.

인정의 말 Words of Affirmation

말로 사랑을 받는 사람이다. "고마워." "당신이 자랑스러워." "당신이 있어서 내가 더 나은 사람이 돼." 칭찬과 감사와 격려가 사랑으로 느껴진다. 이 언어를 가진 사람은 비판에 가장 깊이 상처받는다. 다른 사람이면 넘길 말 한마디가 며칠을 간다.

함께하는 시간 Quality Time

온전히 함께 있는 것으로 사랑을 받는 사람이다. 핸드폰을 내려놓고, 다른 것을 하지 않고, 온전히 자기를 향해 있는 시간. 비싼 선물보다 산책 한 번이 더 큰 의미다. 이 사람에게 상대가 시간을 안 내주는 것은 사랑이 없다는 뜻으로 읽힌다.

선물 Receiving Gifts

선물로 사랑을 받는 사람이다. 물질적 가치가 핵심이 아니다. 상대가 자기를 생각했다는 증거로서의 선물. 길을 걷다가 떠올라서 사온 것, 힘들 때 꽃 한 송이. 빈손으로 오는 것이 관심이 없다는 신호로 읽힌다.

봉사 Acts of Service

행동으로 사랑을 받는 사람이다. 바쁠 때 청소를 해놓는 것, 피곤할 때 저녁을 준비하는 것. "내가 해줄게"라는 말보다 실제로 해주는 것이 훨씬 강한 사랑의 신호다.

신체적 접촉 Physical Touch

몸의 접촉으로 사랑을 받는 사람이다. 포옹, 손잡기, 등 두드리기. 성적인 것만이 아니다. 지나가면서 어깨를 건드리는 것, 힘들 때 안아주는 것. 이 사람에게 거리를 두는 상대는 차갑게 느껴진다.

어느 것이 가장 강하게 왔는가. 그것이 당신의 주된 언어일 가능성이 높다.

파트너에게 가장 서운했던 순간을 떠올려보라. 그 순간 무엇이 없었는가. 말이었는가, 시간이었는가, 행동이었는가, 접촉이었는가. 서운함이 가장 큰 곳이 당신의 언어다. 그리고 같은 질문을 파트너에게도 해보라. 파트너의 답이 당신과 다를 가능성이 높다.

같은 저녁, 다른 사랑

장면 하나를 따라가보자. 남자가 있다. 그의 언어는 봉사다. 퇴근길에 장을 봤다. 집에 와서 저녁을 만들었다. 설거지까지 했다. 피곤했지만 했다. 사랑하니까. 여자가 있다. 그녀의 언어는 인정의 말이다. 남자가 저녁을 만들었다. 맛있었다. 하지만 그녀가 기다린 것은 다른 것이었다. "오늘 고마웠어." "당신이 있어서 좋아." 그 말이 오지 않았다. 남자는 설거지를 하고 소파에 앉아 핸드폰을 봤다.

그녀는 생각한다. 사랑받는 느낌이 안 든다. 그는 생각한다. 내가 이렇게 많이 하는데 왜. 둘 다 사랑하고 있다. 둘 다 표현하고 있다. 하지만 서로 다른 언어로. 그는 봉사의 언어로 사랑을 보냈다. 그것이 그의 가장 자연스러운 표현 방식이다. 하지만 그녀의 탱크는 인정의 말로만 채워진다. 봉사를 아무리 많이 해도 그녀의 탱크가 차지 않는다. 한국어로 아무리 크게 말해도 프랑스어만 알아듣는 사람에게는 닿지 않는 것과 같다.

채프먼은 "사랑의 탱크^{love tank}"라는 비유를 썼다. 모든 사람 안에 탱크가 있다. 가득 찰 때 사랑받는다고 느낀다. 비어 있을 때 외롭다. 탱크를 채우는 것이 다섯 가지 언어다. 핵심은 상대의 탱크는 상대의 언어로만 채워진다는 것이다.

상처도 같은 언어로 온다

사랑의 언어는 사랑을 받는 방식만 결정하지 않는다. 상처받는 방식도 결정한다. 인정의 말 언어를 가진 사람이 있다. 열심히 준비한 저녁이었다. 상대가 한마디 했다. "좀 짜다." 다른 사람이면 넘길 말이다. 이 사람에게는 며칠이 간다. 왜? 말이 곧 사랑이고, 말이 곧 상처이기 때문이다.

함께하는 시간 언어를 가진 사람이 있다. 오랜만에 둘이 저녁을 먹었다. 상대가 계속 핸드폰을 봤다. 같은 테이블에 앉아 있었지만 혼자였다. 상대는 "같이 있었잖아"라고 말한다. 이 사람에게는 같이 있었던 게 아니다.

봉사 언어를 가진 사람이 있다. 감기에 걸렸다. 상대에게 말했다. 상대는 "푹 쉬어"라고 문자를 보내고 저녁에 약속을 갔다. 이 사람에게 그날 밤은 오래 남는다. 말이 아니라 행동이 사랑인 사람에게, 행동이 없는 것은 사랑이 없는 것이다. 선물 언어를 가진 사람이 있다. 1주년이었다. 상대는 까먹었다. "물질적인 게 뭐가 중요해"라고 말했다. 이 사람이 원한 건 다이아몬드가 아니었다. 자기를 떠올렸다는 증거였다. 빈손은 빈 마음으로 읽힌다.

상대는 사랑을 주고 있다. 하지만 동시에 상처도 주고 있다. 상대의 언어를 모르기 때문이다. 사랑의 언어를 안다는 것은 두 가지를 동시에 아는 것이다. 어떻게 사랑할 것인지. 그리고 어떻게 상처 주지 않을 것인지.

파트너의 언어가 무엇인지 생각해보라. 파트너가 가장 자주 요청하는 것이 무엇인가. 가장 자주 서운해하는 것이 무엇인가. 그 두 가지가 파트너의 언어를 말해준다. 그리고 지금 당신이 파트너의 언어로 말하고 있는지 물어보라.

어색함은 진심이 없다는 뜻이 아니다

언어를 아는 것과 말할 수 있는 것은 다르다. 자신의 언어가 봉사인 사람이 인정의 말을 배우는 것은 어색하다. "사랑해"가 입에서 안 나온다. "고마워"도 쑥스럽다. 한국 문화에서 특히 그렇다. 말로 감정을 표현하는 것 자체가 익숙하지 않은 사람이 많다. 하지만 어색한 것과 할 수 없는 것은 다르다. 외국어를 처음 배울 때를 생각해보라. 발음이 어색하고 문법이 틀린다. 그렇다고 진심이 없는 것인가? 아니다. 오히려 어색함을 감수하면서 상대의 언어로 말하려는 것이 더 적극적인 사랑의 형태다.

하루에 한 번. 파트너에게 구체적인 감사를 말하는 것. 막연한 "사랑해"가 아니라, "오늘 그렇게 해줘서 고마워"처럼. 구체적일수록 더 강하게 전달된다. 신체적 접촉이 주된 언어가 아닌 사람이 아침에 나가기 전 안아주는 것. 작은 것이다. 하지만 그 언어를 가진 파트너에게는 하루를 바꾼다.

자신의 언어를 모르는 사람

채프먼의 이론에는 전제가 있다. 자기가 무엇을 원하는지 안다는 것. 그런데 그 전제가 성립하지 않는 사람들이 있다. 어린 시절 자기 필요를 억압하며 자란 사람들이다. 울면 예민하다고 했다. 원하는 것을 말하면 이기적이라고 했다. 힘들다고 하면 약하다고 했다. 그 환경에서 자란 사람은 자기가 무엇을 필요로 하는지 느끼는 능력 자체가 둔해진다. 서운해도 서운한지 모른다. 외로워도 외로운지 모른다. 이 사람에게 "가장 서운했던 순간이 언제인가"를 물어보면 대답이 나오지 않는다. 언어가 없어서가 아니다. 서운함 자체를 인식한 적이 없기 때문이다. 그리고 자기 언어를 아는 사람도 말하지 못하는 경우가 있다. 인정의 말이 필요하다는 것을 안다. 그런데 그것을 말하면 구걸하는 것 같다. 약해 보인다. 상대가 의무감으로 해주면 의미가 없다. 그래서 말하지 않는다. 그리고 상대가 알아서 해주지 않으면 서운해한다. 필요를 말하는 것이 어려운 이유가 있다. 취약해지는 것이기 때문이다. 거절당할 수 있다. 무시당할 수 있다. 부담스러운 사람이 될 수 있다. 그 두려움이 입을 닫는다. 하지만 말하지 않으면 상대는 모른다. 모르면 채울 수 없다. 채워지지 않으면 서운함이 쌓인다. 서운함이 쌓이면 관계가 멀어진다.

통역이 시작되는 자리

자신의 언어를 모르는 사람이 있다. 알면서도 말하지 못하는 사람이 있다. 그리고 상대의 언어를 알아도 그 언어로 말하고 싶지 않은 경우도 있다. 그것은 언어의 문제가 아니다. 관계 자체의 문제다. 채프먼의 이론은 사랑이 있는 관계에서 그 사랑이 제대로 전달되도록 돕는 도구다. 사랑이 없는 곳에 사랑을 만들어주는 도구가 아니다. 나는 이 사람을 사랑하는가. 이 사람과의 관계에 투자하고 싶은가. 그 답이 '그렇다'라면, 채프먼의 이론이 실질적인 도구가 된다.

통역의 시작

지금 사랑하는 사람이 있다면 한 가지만 해보라. 내가 그 사람에게 주고 있는 사랑이, 그 사람의 언어인지 내 언어인지를 점검하는 것. 내가 행동으로 사랑을 표현하고 있다면, 상대가 원하는 것이 정말 행동인지 물어보라. 말 한마디가 더 필요한 사람일 수 있다. 내가 시간을 내주고 있다면, 상대가 원하는 것이 정말 시간인지 물어보라. 한 번의 포옹이 더 필요한 사람일 수 있다.

그리고 한 번은 직접 물어보라. "내가 어떻게 하면 사랑받는 느낌이 들어?" 어색할 것이다. 답이 바로 안 나올 수도 있다. 하지만 그 질문을 꺼내는 것이 통역의 시작이다. 사랑은 내 언어로 크게 말하는 것이 아니다. 상대의 언어로 작게라도 말하는 것이다. 그 작은 통역이 관계의 온도를 바꾼다.

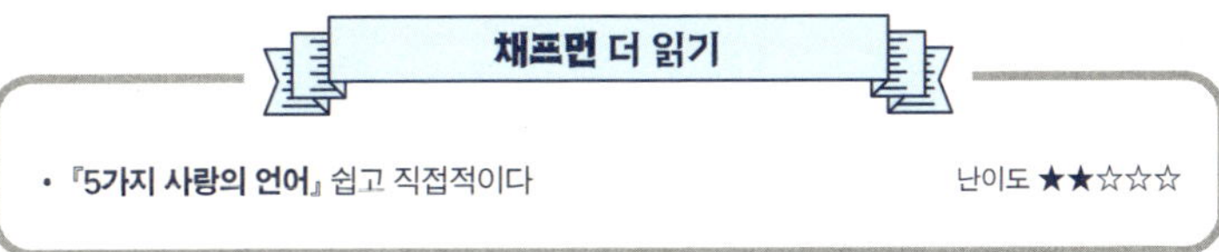

로젠버그의 비폭력 대화

싸우지 않고 원하는 것을 말하는 문법

02

Marshall Rosenberg

로젠버그는 말한다. 모든 비난은 충족되지 않은 필요의 비극적 표현이라고. 로젠버그의 심리학을 안다는 것은 '비폭력 대화'의 네 단계를 외우는 게 아니다. 비난의 언어 뒤에 숨어 있는 진짜 필요를 꺼내는 법을 아는 것이다.

말하지 말걸 그랬다

———

참다가 말했다. 조심스럽게 시작했다. "나 요즘 좀 힘든데." 상대가 물었다. "왜?" 말했다. "당신이 요즘 나한테 무관심한 것 같아서." 그 순간 분위기가 바뀌었다. 상대가 방어했다. "내가 언제 무관심했어? 나도 바쁜 거 알잖아." 당신도 물러서지 않았다. "바쁜 건 알아. 그냥 좀 관심 가져달라는 거지." 상대가 더 강하게 나왔다. "그럼 내가 뭘 어떻게 해야 해?" 당신도 목소리가 높아졌다. "그걸 내가 알려줘야 해?"

거기서부터 기억이 흐릿하다. 어느 순간 전혀 다른 이야기가 나왔다. 오래된 것들이 나왔다. 둘 다 상처받았다. 원하는 것은 하나였다. 관심이 필요하다는 것. 그것을 말하려 했는데 싸움이 됐다.

마셜 로젠버그Marshall Rosenberg는 이것이 언어의 문제라고 말한다. 원하는 것을 말하는 방식이 잘못됐다고. 그리고 다른 방식이 있다고.

총을 든 사람들을 앉힌 남자

———

로젠버그는 디트로이트의 폭력이 잦은 동네에서 자랐다. 유대인이라는 이유로 맞았다. 그 경험에서 평생의 질문이 시작됐다. 왜 어떤 사람들은 폭력을 택하고, 어떤 사람들은 연민을 택하는가.

1960년대부터 그는 비폭력 대화Nonviolent Communication를 개발했다. 그리고 가장 말이 통하지 않는 곳으로 갔다. 아프리카 내전 지역, 이스라엘-팔레스타인 분쟁 지역, 미국의 감옥. 총을 든 사람들이 대화하게 만들었다. 팔레스타인 사람과 이스라엘 사람이 같은 방에 앉았다. 처음엔 불가능해 보였다. 서로를 향한 분노가 너무 컸다. 하지만 로젠버그가 통역해주면서 달라졌다. 이 사람의 말 뒤에 있는 감정이 무엇인지, 이 사람이 필요로 하는 것이 무엇인지를 풀어주자, 상대방이 듣기 시작했다. 분노 뒤에 있는 두려움을 봤다. 공격 뒤에 있는 상처를 봤다.

그리고 로젠버그는 같은 방법이 부엌 식탁에서도 작동한다는 것을 발견했다. 전쟁터의 적대와 부부 싸움의 구조가 같았다. 상대를 판단하고, 비난하고, 이기려 한다. 그리고 원래 말하려던 것에서 멀어진다.

우리가 쓰는 폭력적인 언어

한번 점검해보라. 최근 파트너와 갈등이 있었다면, 그때 한 말을 떠올려보라.

- "당신은 항상 이기적이야." — 판단이다. 상대의 인격을 규정한다.

- "당신은 나를 사랑하지 않아." — 해석이다. 상대의 행동에 내가 의미를 붙인 것이다.

- "왜 항상 그런 식이야?" — 비난이다. 상대에게 변명할 여지를 주지 않는다.

- "다른 남자친구들은 다 그렇게 해." — 비교다. 상대를 열등하게 만든다.

- "당신이 그러면 나는 아무것도 못 해." — 책임 전가다. 자신의 감정을 상대의 탓으로 돌린다.

이 말들 중 하나라도 쓴 적 있는가. 대부분 있을 것이다. 로젠버그는 이것을 "삶으로부터 소외된 언어life-alienating communication"라고 불렀다. 연결을 막는 언어. 공통점은 하나다. 상대를 분석하고, 판단하고, 규정한다. 상대는 그것을 공격으로 받아들인다. 방어하거나 반격한다. 원래 원하던 것에서 멀어진다.

> "우리가 말하는 방식을 '폭력적'이라고 생각하지 않을 수 있지만,
> 말은 종종 다른 사람이나 우리 자신에게 상처와 고통을 준다."
>
> —『비폭력 대화』

네 단계로 말하는 법

로젠버그의 대안은 네 가지 단계로 구성된다. 글의 맨 처음 장면

을 이것으로 다시 말해보겠다.

1단계: 관찰 Observation

판단이나 해석 없이 사실만 말한다.

"당신은 무관심해" ✕

"이번 주에 우리가 대화를 나눈 것이 두 번이었어" ○

일어난 일을 있는 그대로. 판단을 넣으면 상대가 방어한다. 관찰만 말하면 상대도 같은 사실을 본다.

2단계: 감정 Feeling

그 관찰 앞에서 자신이 느끼는 것을 말한다.

"당신이 나를 무시하는 것 같아" ✕ (이것은 감정이 아니라 해석이다)

"나는 외로움을 느껴" ○

감정과 판단을 구분해야 한다. "무시당하는 느낌"은 감정처럼 들리지만 상대의 의도에 대한 해석이 들어 있다. 진짜 감정은 외로움, 두려움, 슬픔, 불안 같은 것들이다.

3단계: 필요^{Need}

그 감정 뒤에 있는 충족되지 않은 필요를 말한다.

"나는 연결이 필요해."

"나는 당신과 가까이 있다는 감각이 필요해."

로젠버그는 모든 감정 뒤에 필요가 있다고 봤다. 화가 나는 것은 어떤 필요가 충족되지 않았기 때문이다. 그 필요를 말하면 상대가 이해할 수 있다.

4단계: 부탁^{Request}

구체적이고 실현 가능한 행동을 요청한다.

"더 신경 써줘" ✕ (막연하다. 상대가 뭘 해야 할지 모른다)

"오늘 저녁에 핸드폰 없이 한 시간 같이 있어줄 수 있어?" ○

처음 장면을 다시 말하면 이렇게 된다. "이번 주에 우리가 대화를 나눈 게 두 번이었어. 나는 외로움을 느꼈어. 나는 당신과 연결되어 있다는 감각이 필요해. 오늘 저녁에 핸드폰 없이 한 시간 같이 있어줄 수 있어?" 같은 내용이다. 하지만 상대의 반응이 완전히 달라진다. "당신은 무관심해"라고 하면 방어한다. 감정과 필요를 말하면 듣는다.

"모든 비판, 판단, 진단, 분노의 표현은 충족되지 않은 필요의 비극적 표현이다."

—『비폭력 대화』

최근 파트너와 갈등한 순간을 떠올려보라. 그때 한 말을 네 단계로 분해해보라. 관찰이었는가, 해석이었는가. 감정을 말했는가, 판단을 말했는가. 필요를 말했는가. 구체적인 부탁을 했는가. 어디서 폭력적인 언어가 들어왔는지 보일 것이다.

"나는 외로워"가 왜 이렇게 어려운가

네 단계 중 가장 많이 막히는 곳이 두 번째다. 감정을 말하는 것. 우리는 감정 어휘가 빈곤하다. 특히 한국 문화에서. "기분이 안 좋아." "짜증나." "답답해." 이것들로 대부분의 감정을 처리한다. 하지만 "짜증나"의 이면에는 서운함이 있을 수 있고, 두려움이 있을 수 있고, 무시당한다는 감각이 있을 수 있다. "짜증나"로 뭉뚱그리면 진짜 감정이 보이지 않는다. 진짜 감정이 보이지 않으면 그 뒤에 있는 필요도 보이지 않는다.

더 어려운 것이 있다. 감정을 안다 해도 말하는 것이 어렵다. "나는 외로워"라고 말하면 약해 보인다. 구걸하는 것 같다. 상대가 의무감으로 반응하면 의미가 없다. 그래서 말하지 않는다. 대신 판단으로 포장한다. "당신은 무관심해." 판단은 강해 보인다. 감정은 약해 보인다. 하지만 판단은 상대를 방어하게 만들고, 감정은 상대의 공감을 불러온다. 강해 보이는 말이 관계를 약하게 만들고, 약해 보이는 말이 관계를 강하게 만든다.

취약해지는 것이 두렵다. 거절당할 수 있다. 무시당할 수 있다. 부담스러운 사람이 될 수 있다. 그 두려움이 입을 닫는다. 하지만 말하지 않으면 상대는 모른다. 모르면 채울 수 없다. 채워지지 않으면 서운함이 쌓인다. 서운함이 쌓이면 어느 날 폭발한다. "당신은 항상 그래!"로.

상대의 비난 뒤에 있는 것을 듣는 법

비폭력 대화는 자신의 말을 바꾸는 것만이 아니다. 상대의 말을 듣는 방식도 바꾼다. 상대가 "당신은 맨날 늦어!"라고 한다. 보통은 방어한다. "내가 뭘 어떻게 해? 일이 있었잖아." 혹은 반격한다. "당신은 항상 그런 식이야." 로젠버그의 방식은 다르다. 그 말 뒤에 있는 것을 본다. 관찰: 내가 늦었다. 감정: 상대가 느끼는 것은 무엇인가. 불안인가, 서운함인가. 무시당한 느낌인가. 필요: 상대에게 필요한 것은 무엇인가. 예측 가능함인가, 존중인가, 함께하는 시간인가.

그리고 그것을 확인한다. "늦어서 많이 기다렸구나. 걱정됐어?" 이것이 공감이다. 상대의 말 내용에 반응하는 것이 아니라, 그 말 뒤에 있는 감정과 필요에 반응하는 것. 대부분의 갈등은 내용의 충돌이 아니라 이해받지 못한다는 느낌에서 온다. 상대가 이해받는다고 느끼는 순간 방어가 낮아진다. 방어가 낮아지면 비로소 대화가 시작된다.

"공감은 타인이 경험하고 있는 것에 대한 존중 어린 이해다."

—『비폭력 대화』

부탁과 요구는 같은 말이지만 다른 것이다

"오늘 저녁에 같이 있어줄 수 있어?" 이것이 부탁인지 요구인지는, 상대가 거절했을 때 어떻게 반응하느냐에 달려 있다. 거절했을 때 "그래, 알겠어. 괜찮아"라고 할 수 있으면 부탁이다. 거절했을 때 화가 나거나, 상처받거나, 압박을 가하면 사실 요구였던 것이다.

요구는 상대에게 선택권이 없다. 거절하면 대가가 온다. 상대는 그것을 안다. 그래서 요구 앞에서 상대는 선택이 아니라 두려움이나 죄책감에서 행동한다. 자발적인 것이 아니다. 로젠버그는 자발적인 기여에서 오는 연결이 진짜 연결이라고 봤다. 두려움이나 죄책감에서 해주는 것이 아니라, 원해서 해주는 것. 그러려면 상대에게 거절할 자유가 있어야 한다.

거절할 수 있어야 한다고? 그러면 상대가 거절하면 어떡하나. 로젠버그에 따르면, 거절당했을 때 그것은 끝이 아니다. 상대의 거절 뒤에도 감정과 필요가 있다. 그것을 탐색하는 것이 다음 대화의 시작이다.

"우리의 목적이 상대를 바꾸거나 원하는 것을 얻는 것이라면, 비폭력 대화는 적절한 도구가 아니다. 이것은 상대가 자발적으로, 연민에서 우러나 반응하기를 원하는 사람들을 위한 것이다."

—『비폭력 대화』

이 방법이 역효과를 내는 경우

비폭력 대화를 처음 배운 사람들이 공통적으로 말한다. "너무 작위적이다." "이렇게 말하면 더 어색하지 않나." 맞다. 그리고 그 어색함 안에 이 방법의 가장 큰 함정이 있다. "나는 외로움을 느껴. 나는 연결이 필요해. 오늘 저녁에 한 시간 함께 있어줄 수 있어?" 이것을 갑자기 말하면 상대는 당황한다. "뭐야, 갑자기 왜 이렇게 말해?" 너무 정밀하고 구조적인 언어가 오히려 거리감을 만든다. 기술을 연습하고 있다는 것이 느껴지는 순간, 상대는 조작당하는 느낌을 받는다.

로젠버그는 반복해서 말했다. 비폭력 대화는 기술이 아니라 의도라고. 상대를 설득하거나 원하는 것을 얻어내려는 의도로 쓰면 역효과가 난다. 상대와 연결되고 싶다는 의도가 있을 때, 서툰 말이라도 닿는다.

"우리의 목적이 상대를 바꾸거나 원하는 것을 얻는 것이라면, 비폭력 대화는 적절한 도구가 아니다."

—『비폭력 대화』

갈등 상황에서 상대를 이기려는 충동. 자신을 방어하려는 충동. 그 충동이 있는 상태에서 아무리 비폭력 대화의 형식을 써도 상대에게 닿지 않는다. 형식이 아니라 의도가 먼저 바뀌어야 한다. 비폭력 대화를 오래 연습한 사람들이 말한다. 어느 순간부터 상대가 비난을 해도 그 뒤에 있는 감정과 필요가 먼저 들린다고. 그게 되는 순간, 싸움이 시작되기 전에 이미 끝나 있다고.

다음 싸움이 시작될 때

오늘 밤, 혹은 내일, 당신은 말을 삼키고 있을 것이다. 말하면 싸움이 될 것 같아서. 참으면 쌓일 것을 알면서도. 그 말을 꺼내기 전에 한 가지만 먼저 확인해보라. 지금 내가 하려는 말이 판단인가, 감정인가. "당신은 무관심해"인가, "나는 외로워"인가. 상대를 분석하려는 것인가, 나를 밀하려는 것인가. 그리고 하나만 더. 이기고 싶은 건가, 연결되고 싶은 건가.

로젠버그는 전쟁터에서 봤다. 총을 든 사람들도 상대의 필요를 들었을 때 총을 내려놓았다는 것을. 부엌 식탁의 싸움이 전쟁보다 더 어려울 리 없다. 더 가까운 사이이기 때문에 더 아플 뿐이다. 다음에 말을 삼키려는 순간이 오면, 삼키지 말고 번역해보라. 판단을 감정으로. 비난을 필요로. 요구를 부탁으로. 같은 내용이다. 언어만 바꾸는 것이다. 하지만 그 번역 하나가, 싸움이 될 뻔한 것을 대화로 만들 수 있다. 서투르게 해도 된다. 어색해도 된다. 서투른 진심이 능숙한 기술보다 닿는다.

- 『비폭력 대화』 마셜 로젠버그 (1999)   난이도 ★★☆☆☆
  이 챕터의 원전. 이론과 실제 대화 예시가 함께 담겨 있다. 읽는 것보다 연습하는 것이 중요한 책이다.

보웬의
자기분화 이론

나를 잃지 않으면서 사랑할 수 있는가

03

Murray
Bowen

상대가 기분이 나쁘면 나도 기분이 나빠진다. 우리는 이것을 사랑이라고 부른다. 보웬은 다르게 봤다. 그것은 사랑이 아니라 융합이라고. 보웬의 심리학을 안다는 것은 '자기분화'라는 개념을 외우는 게 아니다. 관계 안에서 자신이 사라지는 순간을 포착하고, 사라지지 않으면서 사랑하는 것이 가능하다는 것을 아는 것이다.

상대의 기분이 내 하루를 결정한다

———

퇴근하고 들어왔다. 상대가 조용했다. 평소와 달랐다. 오늘 어땠냐고 물었다. "별거 없어"라고 했다. 그런데 톤이 달랐다. 불편한 것이 있다는 것을 알 수 있었다. 그 순긴부터 당신도 불편해졌다. 뭘 잘못했는지 생각했다. 말을 걸어야 하나, 내버려둬야 하나. 어떻게 하면 분위기가 나아질까. 저녁을 먹는 동안 내내 신경이 쓰였다. 상대의 표정을 읽으려 했다. 조금이라도 풀린 것 같으면 안도했다. 다시 굳어지면 다시 긴장했다. 결국 물었다. "나한테 화난 거 있어?" 상대가 아니리고 했다. 그래두 불펴함이 가시지 않았다. 자기 전에 생각했다. 오늘 하루가 상대의 기분에 따라 움직였다. 내 기분은 없었다. 상대의 기분이 내 기분이었다.

머레이 보웬Murray Bowen은 이것이 사랑의 자연스러운 표현이 아니라고 말한다. 자기분화가 낮은 상태라고. 그리고 이것이 관계를 서서히 망가뜨린다고.

환자가 나으면 가족이 아프다

———

머레이 보웬은 미국의 정신과 의사이자 가족치료의 선구자다.

보웬은 1950년대 조현병 환자를 치료하면서 이상한 것을 발견했다. 환자가 입원해서 증상이 나아지면 가족이 불안해졌다. 환자가 아픈 상태가 가족의 균형을 유지하고 있었기 때문이다. 아픈 사람이 있어야 돌보는 사람이 역할을 갖고, 걱정하는 사람이 존재 이유를 갖고, 가족 전체가 돌아갔다. 환자가 나으면 그 균형이 무너진다. 그래서 가족이 무의식적으로 환자를 아픈 상태로 되돌리려 했다.

보웬은 깨달았다. 문제는 개인이 아니라 시스템에 있다고. 가족은 하나의 감정적 단위다. 한 사람이 변하면 전체가 반응한다. 한 사람이 나아지면 다른 사람이 나빠진다. 이것은 의도가 아니다. 구조다. 그가 평생 발전시킨 이론의 핵심이 자기분화Differentiation of Self다.

자기분화란 무엇인가

당신은 다음 중 어디에 가까운가.

- A : 상대가 불안하면 나도 불안하다. 상대가 화나면 나도 위축된다. 상대가 기뻐하면 나도 기분이 좋다. 내 감정이 상대의 감정과 분리되지 않는다.

- B : 상대가 불안해도 나는 안정을 유지할 수 있다. 상대가 화나도 내가 반드시 방어적이 될 필요가 없다. 상대의 감정을 인식하되, 그것에 자동으로 반응하지 않는다.

A가 자기분화가 낮은 상태다. B가 높은 상태다. 오해하기 쉬운 부분이 있다. 자기분화가 높다는 것이 감정이 없다는 뜻이 아니다. 차갑다는 뜻도 아니다. 상대에게 관심이 없다는 뜻은 더더욱 아니다. 상대의 감정을 충분히 느끼면서도, 그것이 자신의 전부가 되지 않는 것이다. 상대가 불안해도 내가 그 불안을 대신 짊어질 필요가 없다는 것을 아는 것이다. 감정이 없는 것이 아니라 감정에 삼켜지지 않는 것이다.

보웬은 자기분화를 0에서 100까지의 스케일로 설명했다. 0에 가까울수록 감정적으로 융합된 상태다. 100에 가까울수록 완전히 분화된 상태다. 그리고 어느 누구도 100에 도달하지 않는다고 봤다.

"잘 분화된 사람은 타인에 대한 현실적 의존을 인정하면서도, 갈등과 비판과 거절 앞에서 충분히 침착하고 명료하게 냉정함을 유지할 수 있다."

— 보웬 센터

최근 관계에서 상대의 기분이 당신의 하루를 결정한 적이 있는가. 상대가 조용하면 내가 뭔가 잘못한 건지 확인하게 되는가. 상대가 웃으면 그제야 안심이 되는가. 그렇다면 당신의 감정 주도권이 상대에게 있는 것이다.

감정이 없는 것이 아니다

———

자기분화가 낮은 상태에서는 감정이 생각을 압도한다. 화가 나면 화가 나는 대로 행동한다. 불안하면 불안한 대로 반응한다. 상대의 감정이 전달되면 즉각 그것에 반응한다. 생각이 개입할 틈이 없다. 자기분화가 높은 상태에서는 감정과 사고가 함께 작동한다. 화가 난다. 그것을 안다. 그리고 지금 어떻게 반응할지를 선택할 수 있다. 화가 났지만 이 대화를 계속하는 것이 낫다고 판단하면 그렇게 할 수 있다. 화가 났지만 지금 내가 원하는 것이 무엇인지를 먼저 생각할 수 있다.

상대가 공격적으로 말한다. 자기분화가 낮은 사람은 즉각 방어하거나 반격한다. 자기분화가 높은 사람은 그 말을 듣고도 자기 안에서 무슨 일이 일어나는지를 먼저 본다. 냉정한 게 아니다. 감정이 없는 게 아니라 감정에 삼켜지지 않는 것이다.

최근 대화에서 상대의 말에 즉각 반응해서 후회한 적이 있는가. 그 순간 감정이 사고보다 먼저 움직인 것은 아닌가. 그 반응이 자동이었는지, 선택이었는지를 구분하는 것이 시작이다.

"우리는 하나"가 관계를 망치는 방식

보웬이 자기분화의 반대 개념으로 제시한 것이 융합^{fusion}이다. 융합은 두 사람이 감정적으로 하나가 되는 것이다. 상대의 감정이 곧 내 감정. 상대의 문제가 곧 내 문제. 상대의 행복이 곧 내 행복. 얼핏 보면 사랑의 이상적인 형태다. "우리는 하나다." 사랑 노래와 드라마가 가르치는 것이기도 하다. 장면 하나를 따라가보라. 월요일 아침이다. 당신은 괜찮다. 그런데 상대가 불안해하고 있다. 직장 문제다. 당신은 그 불안을 받는다. 안도시키려 한다. "괜찮을 거야." "내가 도와줄게." 상대의 불안이 잠시 줄어든다. 당신도 안도한다.

화요일. 상대가 또 불안하다. 이번엔 다른 문제다. 당신은 또 받는나. 또 안도시키려 한다. 이번엔 좀 지친다. 하지만 하지 않으면 상대가 더 불안해질 것 같다. 수요일. 당신 안에 짜증이 올라온다. 왜 매번 내가 해야 하는가. 하지만 말하지 않는다. 말하면 싸움이 될 것 같다.

목요일. 상대가 "오늘 기분 어때?"라고 묻는다. "괜찮아"라고 한다. 괜찮지 않다. 하지만 괜찮지 않다고 하면 상대가 불안해할 것 같다. 그래서 괜찮다고 한다.

상대의 불안을 줄이기 위해 자신을 지우고 있다. 처음엔 배려처럼 보인다. 시간이 지나면 자기가 없어진다. 보웬은 이렇게 쌓인 것이 두 가지로 터진다고 봤다. 갈등이 폭발하거나, 아무 말 없이 관계를 끊어버리거나. 보웬은 후자를 정서적 단절^{emotional cutoff}이라고 불렀다. 둘 다 같은 곳에서 온다. 너무 오래 자신을 지운 것이다.

"자기가 덜 발달한 사람일수록 타인이 자신의 기능에 더 큰 영향
을 미치고, 그 사람은 타인의 기능을 더 많이 통제하려 한다."

—『Family Therapy in Clinical Practice』

갈등을 피하기 위해 진짜 생각을 말하지 않은 적이 최근에 있는가. 의견을 거두기 전에 한 가지만 물어보라. "이것은 배려인가, 회피인가." 배려는 상대를 위해 선택한 것이다. 회피는 갈등이 두려워서 자신을 지운 것이다. 같은 행동이지만 출발점이 다르다.

불안의 전염과 삼각관계

보웬은 불안이 전염된다고 봤다. 감정적으로 가까운 관계에서 한 사람의 불안은 다른 사람에게 전달된다. 직접 말하지 않아도. 표정, 목소리 톤, 침묵, 몸짓. 이것들이 불안을 전달한다. 긴장이 높아지면 두 사람 안에서 해결되지 않고 제3자를 끌어들인다. 보웬은 이것을 삼각관계triangulation라고 불렀다. 두 사람 사이의 긴장이 높아지면 제3자를 끌어들여 긴장을 분산시킨다. 부부 갈등이 아이에게 전달되는 구조다. 연인 사이에서는 친구나 가족에게 하소연하는 것으로 나타난다. 긴장이 분산되지만 원래 문제는 해결되지 않는다.

상대가 불안해한다. 내가 그 불안을 받는다. 그 불안을 해소하려고 상대에게 과도하게 맞춘다. 상대의 불안이 일시적으로 줄어든다. 하지만 내 안에 불만이 쌓인다. 그 불만이 나중에 다른 방식으로 터진다. 불안을 받지 않는 것이 해결책이 아니다. 불안을 받으면서도 그것에 자동으로 반응하지 않는 것. 상대의 불안을 인식하되 내가 그것을 해결해야 한다는 충동을 내려놓는 것. 그것이 자기분화다.

"나는 혼자가 편해"의 진짜 의미

자기분화가 낮은 사람들 중 일부는 정반대로 보인다. 거리를 둔다. 독립적으로 보인다. "나는 혼자가 편해." "나는 누구에게도 의지하지 않아." 보웬은 이것이 자기분화가 높은 것이 아니라고 봤다. 오히려 자기분화가 낮기 때문에 가까워지는 것이 위협적으로 느껴지는 것이라고. 자기분화가 진짜 높은 사람은 가까워져도 자신을 잃지 않는다. 그래서 거리를 둘 필요가 없다. 친밀함이 위협이 아니다. 반면 자기분화가 낮은 사람은 가까워지면 융합될 것 같은 공포가 있다. 그래서 거리를 둔다. 거리가 안전이다.

거리를 두는 것과 자기분화는 다르다. 거리를 두는 것은 융합을 피하는 방법이다. 자기분화는 융합되지 않으면서 가까워지는 능력이다. 거리를 두어야만 유지되는 독립은 독립이 아니다.

한 사람이 변하면 관계가 흔들린다

한 사람이 자기분화를 높이기 시작하면, 관계가 흔들린다. 상대의 불안을 더 이상 자동으로 받지 않기 시작한다. 의견을 거두던 사람이 의견을 말하기 시작한다. 맞추던 사람이 자기 필요를 말하기 시작한다. 상대가 불안해한다. "당신이 변했어." "예전에는 이러지 않았는데." "나를 사랑하지 않는 거야?"

이것은 당연한 반응이다. 시스템이 바뀌면 시스템 안의 사람들이 저항한다. 환자가 나으면 가족이 불안해지는 것처럼, 한 사람이 성장하면 관계가 불안해진다. 시스템이 원래 상태로 돌리려 한다. 보웬은 이 이론을 자신에게 직접 적용했다. 1960년대, 이미 저명한 정신과 의사였던 그는 오랫동안 멀리했던 고향으로 돌아갔다. 가족 안에서 자기가 얼마나 자동적으로 반응하는지를 발견했다. 어머니가 걱정하면 그 걱정을 자기 것으로 받았다. 오래된 패턴이 그대로 살아있었다.

자기분화 이론을 만든 사람이 자신의 원가족 앞에서 그 이론대로 살지 못하고 있었다. 그는 의도적으로 달라지기 시작했다. 가족의 불안을 받되 자동으로 반응하지 않으려 했다. 자기 입장을 말하되 가족의 반응에 흔들리지 않으려 했다.

가족은 저항했다. 보웬은 이 저항을 통과해야 한다고 봤다. 그리고 훈련의 가장 좋은 장소가 원가족이라고 봤다. 지금 연애 관계보다 훨씬 더 깊이 융합된 곳. 거기서 자기분화를 연습하는 것이 연애 관계를 바꾸는 가장 근본적인 방법이라고. 한 사람의 자기분화가 높아지면 두 가지 중 하나가 일어난다. 상대도 함께 성장하면서 관계가 더 건강해지거나, 상대가 관계에서 나가거나. 어느 쪽이든 자기분화가 높아지면 자신에게 맞는 관계가 무엇인지가 보인다.

사라지지 않으면서 사랑하는 것

내일 아침 당신은 사랑하는 사람 곁에서 눈을 뜬다. 상대의 표정을 읽는다. 오늘 기분이 어떤지 살핀다. 자연스러운 일이다. 상대가 조용하다. 예전 같으면 곧바로 불안해졌을 것이다. '내가 뭘 잘못했나.' '어떻게 하면 풀어줄 수 있을까.' 상대의 기분이 당신의 아침을 결정했을 것이다.

이제 당신은 한 가지를 안다. 상대의 감정이 당신의 전부가 될 필요는 없다는 것을. 상대가 불안해도 당신까지 불안해지지 않아도 된다는 것을. 상대의 문제를 당신이 해결하지 않아도 된다는 것을. 상대의 기분을 느끼되, 그것에 삼켜지지 않을 수 있다는 것을.

사랑한다는 것은 하나가 되는 것이 아니다. 둘이면서 연결되는 것이다. 가까워지되 사라지지 않는 것이다. 상대의 감정을 느끼되 그것이 나의 전부가 되지 않는 것이다.

자기를 잃지 않는 사람만이 진짜로 줄 수 있다. 비어버린 사람은 줄 것이 없다. 내일 아침, 상대의 표정을 읽기 전에 먼저 자기에게 물어보라. 나는 오늘 어떤가. 내 기분은 어떤가. 그 질문이 먼저 있어야, 상대에게 줄 수 있는 것이 생긴다.

보웬 더 읽기

• 『보웬의 가족치료이론』 자기분화 개념이 체계적으로 정리되어 있다　　난이도 ★★★☆☆

*Murray
Bowen*

드 보통의
낭만주의 비판

"운명적 사랑"이라는 가장 위험한 믿음

04

Alain de
Botton

드 보통의 철학을 안다는 것은 '낭만주의 비판'이라는 단어를 외우는 게 아니다. 오늘 밤 연인 옆에 누워 "이 사람이 맞나?"라고 떠올린 그 의심이, 당신의 것이 아니라 200년 된 문화적 바이러스라는 것을 알아채는 것이다.

이 사람이 맞는 사람인지 모르겠다

————

사귄 지 2년이 됐다. 나쁘지 않다. 싸우지 않는다. 상대는 좋은 사람
이다. 그런데 가끔 이런 생각이 든다. 이 사람이 맞는 사람인가. 설레
는 것도 예전만 못하고, 함께 있이도 딱히 설명할 수 없는 공허함이
있다. 상대가 문제인 것 같지 않은데, 이 관계가 맞는 것인지 모르겠
다. 그래서 생각한다. 진짜 맞는 사람을 만나면 이러지 않겠지. 운명
의 상대를 만나면 이런 의심이 들지 않겠지. 설렘이 계속되고, 함께
있으면 항상 충만하고, 의심이 아니라 확신만 있는 그런 관계가 있
겠지.

　알랭 드 보통은 이 생각이 당신을 망치고 있다고 말한다. 그리고
이 생각이 어디서 왔는지를 지목한다. 낭만주의.

사랑에 대해 당신이 배운 모든 것

————

　당신은 사랑을 배운 적이 없다고 생각한다. 틀렸다. 당신은 이미
수천 시간의 교육을 받았다. 드라마에서 배웠다. 남자 주인공이 여
자 주인공을 처음 본 순간, 세상이 느려지고 음악이 깔린다. 첫 만남
에서 이미 답이 나온다. 끌림이 곧 진실이다. 영화에서 배웠다. 헤어

진 두 사람이 공항에서 재회한다. 뛰어간다. 안는다. 그 순간 모든 문제가 사라진다. 사랑은 장애물을 넘는 것이지, 장애물과 함께 사는 것이 아니다. 팝송에서 배웠다. "너 없이는 못 살아." "너는 나의 전부야." 한 사람이 다른 한 사람의 세계 전체가 될 수 있다는 믿음.

이 수업들의 공통점이 있다. 전부 사랑의 '시작'만 다룬다. 만남, 끌림, 고백, 키스. 거기서 끝난다. 그 이후는 없다. 함께 사는 일상, 설거지를 두고 벌이는 다툼, 상대의 코 고는 소리에 쌓이는 짜증, 아이가 태어난 뒤 사라지는 둘만의 시간. 재미없으니까 콘텐츠가 되지 못한다. 하지만 사랑의 90%는 여기에 있다.

드 보통은 말한다. 우리 문화는 사랑에 '빠지는' 이야기에만 집착한다. 사랑 '안에서' 사는 이야기는 하지 않는다. 그래서 우리는 시작은 잘하지만 유지를 못 한다. 시작하는 법은 수천 번 봤지만, 유지하는 법은 한 번도 배운 적 없으니까.

낭만주의라는 보이지 않는 운영체제

———

특정 영화나 노래의 문제가 아니다. 그것들을 관통하는 하나의 믿음 체계다. 18세기 후반 유럽에서 시작된 예술 운동이 200년에 걸쳐 대중문화에 스며들면서 만들어낸, 사랑에 대한 무의식적 전제들의 총합. 직접 설치한 적 없다. 하지만 지금도 작동하고 있다.

첫 번째, 운명의 상대가 있다

80억 명 중 단 한 명, 당신을 위해 존재하는 사람. 만나면 안다. 어떻게? 강렬하게 느껴지니까. 이 느낌이 없으면 맞는 사람이 아니다.

잠깐 생각해보자. 이 전제가 맞다면, 맞는 사람을 만날 확률은 얼마인가. 언어가 다르고, 대륙이 다르고, 시대가 다를 수도 있는 한 사람을 우연히 마주쳐야 한다. 확률적으로 거의 불가능한 것을, 우리는 사랑의 전제 조건으로 삼고 있다.

두 번째, 말하지 않아도 통해야 한다

진짜 사랑이라면 설명이 필요 없다. 눈빛만으로 안다. 상대가 내 기분을 읽어야 하고, 내가 원하는 것을 알아채야 한다.

금요일 저녁이다. 지쳐서 집에 돌아온다. 안아달라고 말하지 않는다. 진짜 사랑이라면 알아야 하니까. 상대는 소파에서 핸드폰을 보고 있다. 지친 얼굴을 눈치채지 못한다. 서운해진다. 속으로 판결을 내린다. '이 사람은 나를 모르는구나.' 하지만 상대는 처음부터 알 수 없었다. 말하지 않았기 때문이다. 낭만주의가 '말해야 하는 사랑'을 격이 떨어지는 것으로 만들어놓았다. 그래서 우리는 침묵하고, 서운해하고, 혼자 결론을 내리고, 관계를 닫는다.

세 번째, 사랑은 힘들지 않아야 한다

맞는 사람이면 노력이 필요 없다. 관계가 힘들면 맞지 않는 것이다. 가장 치명적인 전제다. 모든 관계는 힘들다. 두 사람이 각자의 습관, 상처, 기대를 안고 한 공간에서 산다. 안 힘들 수 없다. 하지만 이 전제가 작동하면, 관계의 어려움이 '잘못된 선택의 증거'가 된다. 힘든 게 정상인데, 힘들면 비정상이라고 믿는다. 그리고 떠난다.

네 번째, 한 사람이 모든 것을 채워줄 수 있다

낭만주의 이전에는 인간이 여러 관계에서 각기 다른 것을 얻는 경향이 있었다. 공동체에서 소속감을, 친구에서 이해를, 종교에서 의미를. 한 사람이 전부를 줄 필요가 없었다.

지금은 다르다. 상대가 가장 친한 친구여야 하고, 지적 동반자여야 하고, 감정적 지지자여야 하고, 최고의 연인이어야 한다. 인류 역사에서 전례 없는 요구다. 아무리 좋은 상대도 전부를 채울 수 없다. 채우지 못하면 부족하다고 느낀다. 다른 사람이면 채워질 거라 믿는다. 다음 사람에게도 같은 기대를 한다. 다시 실패한다.

"한 사람이 다른 한 사람에게 모든 것이 될 수는 없다."

—『낭만적 연애와 그 후의 일상』

"우리는 너무 자주 연인을 탓한다. 사랑에 대한 우리의 관점을 탓하지 않는다."

—『낭만적 연애와 그 후의 일상』

"이 사람이 맞는 사람이면 이러지 않을 텐데"라고 생각한 적이 있는가. 그 생각을 한 번 뒤집어보라. "맞는 사람을 만나면 힘들지 않을 것이다"라는 전제 자체가 맞는지. 드 보통은 말한다. 맞는 사람을 만나도 힘들다. 힘든 것이 정상이다. 그것을 아는 것이 사랑의 시작이다.

왜 좋은 사람이 매력 없게 느껴지는가

연애 경험이 쌓이면서 이상한 패턴을 발견하는 사람들이 있다. 자기를 함부로 대하는 사람에게 더 끌렸고, 안정적이고 다정한 사람 앞에서는 오히려 흥미가 떨어졌다. 나쁜 선택인 줄 알면서도 반복됐다. 드 보통은 이것을 개인의 심리적 결함으로 보지 않는다. 문화적 교육의 결과로 본다. 낭만주의는 강렬한 끌림을 사랑의 증거로 가르쳤다. 심장이 뛰어야 한다. 불안해야 한다. 잠이 오지 않아야 한다. 그 감각이 없으면 사랑이 아닌 것 같다. 그런데 안정적이고 다정한 사람 앞에서는 그 감각이 오지 않는다. 편하다. 예측 가능하다. 드라마가 없다. 드라마가 없으면 사랑이 아닌 것처럼 느껴지도록 훈련됐다. 그래서 불안과 설렘을 구분하지 못한다. 불안한 것을 설레는 것으로 읽는다. 심리적으로 건강한 사람이 매력 없게 느껴지는 것은 그 사람의 문제가 아니다. 우리가 잘못 배운 것이다.

맞는 사람을 찾지 말고, 맞는 사람이 되라

낭만주의는 사랑을 '발견'의 문제로 만들었다. 맞는 사람을 찾기만 하면 된다. 못 찾았으면 계속 찾아라. 에너지가 전부 바깥을 향한다. 드 보통은 화살표를 뒤집는다. 밖이 아니라 안을 보라. 어떤 상황에서 벽을 세우는가. 어떤 말에 과하게 반응하는가. 상대에게 무엇을 기대하고 있고, 그 기대는 어디서 온 것인가. 갈등이 생겼을 때 상대를 어떤 방식으로 밀어내는가.

이것들을 모른 채 관계에 들어가면, 자기 안의 문제가 관계를 흔들면서도 원인을 상대에서 찾게 된다. "이 사람이 나를 불안하게 만든다." 하지만 불안은 당신 안에 이미 있었다. 상대가 방아쇠를 당겼을 뿐이다. 상대를 바꿔도 방아쇠는 남는다. 같은 방아쇠가 다른 사람에 의해 당겨질 뿐이다.

"결혼이란 자신이 누구인지도, 상대가 누구인지도 아직 모르는 두 사람이, 상상할 수도 없고 미리 알아보지도 않은 미래에 자신을 묶는, 희망에 찬 무모한 도박이다."

—『낭만적 연애와 그 후의 일상』

사랑은 과목이다

우리는 12년, 16년, 때로는 20년을 교육받는다. 미적분을 배운다. 세포 분열을 외운다. 하지만 화가 났을 때 어떻게 해야 하는지는 배우지 못했다. 상처받았을 때 어떻게 말해야 하는지 배우지 못했다. 사랑하는 법은 더더욱. 드 보통이 인생학교를 세운 이유가 여기 있다. 런던에 문을 연 이 학교는 학위를 주지 않는다. 시험도 없다. 대신 가르친다. 감정을 다루는 법. 갈등 속에서 대화하는 법. 상대를 공격하지 않으면서 원하는 것을 말하는 법. 실망을 소화하는 법.

사랑은 감정이 아니라 기술이다. 기술은 배울 수 있고, 연습할 수 있고, 나아질 수 있다. 배우지 않으면 아무리 좋은 사람을 만나도 같은 실수를 반복한다. 상대가 바뀌어도 패턴은 바뀌지 않는다.

비관주의가 관계를 살린다

드 보통의 가장 역설적인 처방이다. 사랑에 대한 기대를 낮추라는 것. 그런데 낮추면 오히려 관계가 좋아진다. 낭만주의는 사랑이 완벽해야 한다고 가르쳤다. 기대가 높다. 현실이 거기에 못 미치면 실망한다. 실망이 쌓이면 "이 사람이 틀렸다"는 결론에 닿는다. 그리고 떠난다.

드 보통은 기대 자체를 바꾸라고 한다. 모든 관계는 힘들다. 모든 상대는 결점이 있다. 모든 사랑은 때로 지루하고 때로 화가 난다. 실패가 아니라 기본값이다. 그런데 "기대를 낮춰라"는 말만으로는 부족하다. 어떻게 낮추냐는 것이다. 드 보통은 구체적인 도구를 제안한다.

첫 번째, 결함 이력서

이력서는 보통 자기 장점을 모아놓은 문서다. 드 보통은 반대로 쓰라고 한다. 자기 결함을 정리한 문서. "나는 스트레스를 받으면 말을 끊는다." "나는 칭찬받지 못하면 삐진다." "나는 돈 문제 앞에서 비이성적으로 조여든다." "나는 피곤하면 상대의 말을 건성으로 듣는다." 이것을 먼저 쓰고, 상대에게도 보여주라는 것이다. 상대도 자기 결함 목록을 쓴다. 두 사람은 서로의 목록을 보고 묻는다. "이 사람의 이 결함과 함께 살 수 있는가." 설렘으로 고르는 것이 아니라, 정보로 고르는 것이다.

두 번째, 비관주의적 결혼 서약

전통적인 서약은 낭만주의의 결정판이다. "영원히 사랑하겠습니다." "당신만을 바라보겠습니다." 드 보통은 이런 서약이 관계를 해친다고 본다. 지킬 수 없는 약속은 깨지기 위해 존재하니까. 대신 이런 서약을 제안한다. "나는 당신에게 때때로 실망할 것이고, 당신도 나에게 실망할 것입니다. 우리는 서로를 완벽히 이해하지 못할 것입니다. 하지만 그것이 우리 관계의 실패가 아니라는 것을 알고 시작합니다.” 아름답지 않다. 하지만 정직하다. 정직한 출발이 아름다운 환상보다 오래간다.

세 번째, 자선적 해석

드 보통이 가장 강조하는 일상의 기술이다. 상대가 짜증을 낼 때 우리는 본능적으로 최악의 해석을 한다. ‘나를 무시하는 거다.’ ‘나한테 관심이 없는 거다.’ ‘이 사람은 원래 이런 사람이다.’ 드 보통은 말한다. 해석을 한 단계 너그럽게 바꿔보라. ‘피곤한가 보다.’ ‘직장에서 힘든 일이 있었나 보다.’ ‘표현이 서툰 거지 마음이 없는 건 아니다.’ 사실이 아닐 수도 있다. 하지만 최악의 해석도 사실이 아닐 수 있다. 둘 다 해석이라면, 관계를 살리는 쪽을 고르는 것이다.

세 가지 도구가 작동하기 시작하면 관계를 읽는 방식이 달라진다. 관계가 힘들 때 “이 사람이 잘못됐구나”가 아니라 “관계란 원래 이렇구나”가 된다. 상대의 결점을 발견할 때 “맞는 사람이 아니구나”가 아니라 “누구에게나 결점이 있구나”가 된다. 그제야 비로소, 이 사람의 어떤 점이 좋은지를 볼 수 있게 된다.

“파트너를 고르는 것은 결국 어떤 종류의 고통을 감내할 것인지를 정하는 일이다.”

결혼은 "이 사람과 함께라면 행복할 것이다"가 아니다. "이 사람이 주는 특정한 종류의 불편함은 감당할 수 있다"는 판단이다. 사랑은 고통이 없는 상태가 아니라, 감당할 수 있는 고통을 고르는 것이다.

INSIGHT

지금 관계에서 기대했던 것과 다른 것들을 떠올려보라. 그것이 이 관계만의 문제인가, 아니면 어떤 관계에서든 나타날 기본값인가. 상대의 결점 하나를 골라 물어보라. "다른 사람을 만났어도 비슷한 문제가 있었을까." 결점의 종류만 바뀔 뿐, 결점 자체는 사라지지 않는다. 완벽한 상대는 없다. 있다면 그건 아직 충분히 함께하지 않은 것이다.

환상이 깨진 자리에서 시작되는 사랑

운명의 상대가 있다. 사랑하면 말하지 않아도 안다. 진짜 사랑은 힘들지 않다. 한 사람이 모든 것을 채워준다. 우리는 이것을 당연하게 믿으며 자랐다. 그리고 현실이 이 기대에 못 미칠 때마다, 상대를 탓하거나 관계를 탓하거나 자신을 탓했다. 기대가 틀렸다. 역설적으로, 이것을 받아들이는 순간 사랑이 가능해진다. 힘든 것이 잘못된 선택의 증거가 아니라는 걸 알면, 비로소 지금 이 사람 앞에 머물 수 있다. 상대가 나를 완벽히 이해하지 못한다는 걸 알면, 비로소 입을 열어 말할 수 있다. 설렘이 영원하지 않다는 걸 알면, 비로소 설렘 너머에 있는 것들을 볼 수 있다.

오늘 밤 옆에 누군가가 있다면. 그 사람은 꿈꿨던 그 사람이 아닐 수 있다. 하지만 좋은 소식이 있다. 꿈꿨던 그 사람은 애초에 존재하지 않았다. 존재하는 것은, 지금 옆에 있는 이 사람뿐이다. 결점이 있고, 불완전하고, 때로는 답답하지만, 실재하는 이 사람. 환상이 깨진 자리에서 시작하는 사랑. 낭만주의가 약속한 사랑보다 덜 화려하다. 하지만 실제로 가능한 유일한 사랑이다.

드 보통 더 읽기

- 『**왜 나는 너를 사랑하는가**』 드 보통의 첫 소설. 사랑을 철학적으로 해부한다　난이도 ★★☆☆☆
- 『**낭만적 연애와 그 후의 일상**』 낭만주의 비판과 현실적인 사랑 이야기　난이도 ★★☆☆☆

사랑의 기술

슈워츠의
선택의 역설

선택지가 많을수록 사랑은 어려워진다

05

Barry Schwartz

더 좋은 사람이 있을 것 같다. 이 생각이 멈추지 않는다면, 그것은 상대의 문제가 아니라 선택의 구조가 만든 심리일 수 있다. 슈워츠의 심리학을 안다는 것은 '선택의 역설'이라는 개념을 외우는 게 아니다. 탐색을 멈추지 못하는 것이 신중함이 아니라 함정이라는 것을 보는 것이다.

더 좋은 사람이 있을 것 같다

어장관리라는 말이 있다. 여러 사람과 동시에 연락을 유지하면서 확정하지 않는 것. 부정적인 뉘앙스로 쓰이지만, 사실 많은 사람이 한다. 그리고 더 많은 사람이 당한다. 그런데 슈워츠의 언어로 읽으면, 이것이 나쁜 사람이 하는 행동이 아닐 수 있다. 선택지가 너무 많은 환경이 사람을 그렇게 만드는 것일 수 있다.

좋은 사람을 만났다. 대화가 잘 됐다. 함께 있으면 편했다. 그런데 확정하지 못한다. 다른 가능성을 닫지 못한다. 이것이 우유부단함이니 나쁜 의도 때문이 아닐 수 있다. 선택의 구조 때문일 수 있다. 배리 슈워츠^{Barry Schwartz}는 그 구조를 심리학으로 설명한다.

선택의 자유가 불행을 만든다

슈워츠는 2004년 『선택의 역설』을 출판했다. 핵심 주장은 하나다. 선택지가 많아질수록 사람들은 더 불행해진다. 직관에 반한다. 선택의 자유는 좋은 것이어야 한다. 더 많은 옵션은 더 나은 결과를 만들어야 한다. 슈워츠는 그것이 일정 수준까지는 맞지만, 그 이상에서는 역전된다고 주장했다.

잼 실험이 유명하다. 심리학자 시나 아이엔가는 슈퍼마켓에 잼 시식 코너를 두 가지로 설치했다. 하나는 24종류, 다른 하나는 6종류. 24종류 코너에 더 많은 사람이 모였다. 하지만 멈춰 서서 시식한 사람 중 실제로 구매한 비율은 6종류 코너가 10배 높았다. 선택지가 많으면 구경은 하지만 선택을 못 한다. 슈워츠는 이 현상에 이름을 붙였다. 선택의 역설. 잼이 이렇다면 사람은 어떻겠는가.

"어항을 깨서 모든 것이 가능해지면, 자유가 생기는 게 아니다. 마비가 온다."

— 배리 슈워츠

당신은 최대화자인가, 만족자인가

———

슈워츠는 사람들을 두 유형으로 나눴다.

최대화자Maximizer

최선의 선택을 찾으려는 사람이다. 결정을 내리기 전에 가능한 모든 옵션을 검토한다. 선택을 해도 "더 나은 것이 있었을 것"이라는 생각을 버리지 못한다. 항상 최고를 원하기 때문에 항상 충분하지 않다고 느낀다.

만족자 Satisficer

충분히 좋은 것을 찾으면 선택하는 사람이다. 모든 옵션을 검토하지 않는다. 자기 기준을 충족하는 것을 만나면 거기서 결정한다. 탐색을 멈춘다.

슈워츠와 아이엔가가 졸업을 앞둔 대학생들의 구직 과정을 추적했다. 최대화자가 객관적으로 더 나은 선택을 한다. 연봉이 더 높은 직장을 구하고, 더 좋은 조건을 얻는다. 하지만 더 불행하다. 자기 선택에 덜 만족하고, 더 많이 후회하고, 더 우울한 경향이 있다. 만족자는 객관적으로 약간 덜 나은 선택을 한다. 하지만 더 행복하다.

"최대화자는 더 좋은 것을 얻지만 더 나쁘게 느낀다. 만족자는 덜 좋은 것을 얻지만 더 좋게 느낀다."

— 배리 슈워츠

연애에서 이것이 어떻게 나타나는가. 최대화자는 좋은 사람을 만나도 "더 나은 사람이 있을 것"이라는 생각을 멈추지 못한다. 만족자는 충분히 좋은 사람을 만나면 그 관계에 투자한다. 최대화자의 상대는 객관적으로 더 나을 수 있다. 하지만 최대화자는 덜 행복하다.

포기한 것들이 선택한 것을 갉아먹는다

선택지가 많으면 기회비용이 커진다. 선택지가 하나뿐이면 기회비용이 없다. A를 만나면 그냥 A다. 하지만 선택지가 열 개일 때 A를 선택하면, B부터 J까지 아홉 명을 포기한 것이다. 그 포기가 A의 가치를 줄인다. 데이팅 앱이 없던 시대를 생각해보라. 학교에서, 직장에서, 동네에서 만나는 사람들 중에서 선택했다. 선택지가 적었다. 기회비용을 많이 생각하지 않아도 됐다.

지금은 앱 하나에 수만 명이 있다. A를 선택하면 수만 명을 포기한 것이다. 그 수만 명 중 더 나은 사람이 있을 거라는 생각이 A와 함께하는 기쁨을 잠식한다. A와 저녁을 먹으면서도, 포기한 수만 명의 그림자가 식탁 아래에 있다.

상향 비교의 함정

기회비용만이 아니다. 선택지가 많아지면 비교 기준 자체가 올라간다. 선택지가 적을 때는 현실적인 기준으로 만족한다. 하지만 매일 수십 명의 매력적인 사람을 화면으로 보는 환경에서는, 비교 기준이 그중 가장 완벽해 보이는 사람이 된다. 그것이 무의식적 기준선이 된다. 그 기준으로 실제 만나는 사람을 평가한다. 당연히 부족해 보인다. 화면 속 가장 완벽한 이미지와 비교하면, 실제로 만나는 모든 사람은 어딘가가 빠져 있다.

그리고 사귀기 시작한 뒤에도 이 비교가 멈추지 않는다. 상대의 결점이 보일 때마다 "더 나은" 사람들이 떠오른다. 실재하는 사람의 결점과, 상상 속 사람의 장점을 비교한다. 실재하는 사람이 이길 수 없는 싸움이다. 선택지가 많은 환경에서 사람들은 있는 것을 즐기는 것보다 없는 것을 아쉬워하는 것에 더 많은 정신적 에너지를 쏟는다. 지금 옆에 있는 사람을 보는 것보다, 있을지도 모르는 더 나은 사람을 상상하는 것에 더 많은 시간을 쓴다.

설렘이 사라지면 "잘못 고른 것"이 된다

슈워츠가 짚은 또 하나의 구조가 있다. 적응adaptation이다. 인간은 어떤 상황에도 적응한다. 좋은 것이 생기면 처음엔 기쁘다. 시간이 지나면 기준이 된다. 더 이상 특별하지 않다. 다시 더 나은 것을 원한다. 선택지가 많을 때 적응은 다른 방향으로 작동한다. 현재 상대에 적응하면 — 설렘이 줄어들면 — "더 나은 사람이 있을 것"이라는 생각이 강해진다. 앱을 다시 연다.

처음 사귀기 시작할 때의 설렘이 있다. 그것에 적응한다. 설렘이 줄어든다. "이 사람이 맞는 사람이 아닌가?"라는 생각이 온다. 하지만 설렘이 줄어든 것은 이 사람의 문제가 아니다. 적응의 문제다. 어떤 사람을 만나도 같은 일이 일어난다. 다음 사람에게서도 설렘이 오고, 적응하고, 줄어들고, 또 의심하고. 반복이다.

관계에서 "이 사람이 맞는 사람인가?"라는 의심이 드는 시점을 떠올려보라. 관계 초반인가, 안정기에 접어든 시점인가. 안정기라면 그것은 상대의 문제가 아니라 적응이 작동하고 있는 것일 수 있다. 다른 사람을 만나도 같은 시점에서 같은 의심이 온다.

선택하기 전부터 후회한다

선택지가 많을수록, 선택을 내리기 전부터 후회를 예측한다. "이 사람과 시작했다가 나중에 더 좋은 사람을 만나면 어떡하지." 이 생각이 결정을 마비시킨다. 선택지가 많을수록 이 마비가 심해진다. 잘못된 선택을 했을 가능성이 실제로 높아지기 때문이다. "썸"이 길어지는 이유이기도 하다. 확정하지 않으면 기회비용을 확정하지 않아도 된다. 아직 다른 가능성이 열려 있다. 하지만 확정하지 않으면 관계도 깊어지지 않는다. 가능성을 열어두면서 동시에 깊이를 원하는 것. 불가능하다. 깊이는 가능성을 닫았을 때 만들어진다.

그리고 가장 불편한 구조. 선택지가 많을수록 나쁜 결과가 나왔을 때 자신을 비난하게 된다. 선택지가 없었을 때는 환경을 탓할 수 있다. "어쩔 수 없었어." 하지만 선택지가 충분히 많았을 때 관계가 잘못되면, 전부 자기 탓이 된다. "내가 왜 저 사람을 선택했을까." "다른 사람을 만났으면 이렇게 되지 않았을 텐데." 모든 실패가 개인의 것이 된다. 선택지가 많았기 때문에 잘못된 선택을 한 자신이 문제가 된다. 슈워츠는 이것이 우울의 구조라고 봤다. 모든 것을 선택할 수 있는 시대에 잘못된 결과는 자신의 실패가 된다. 환경을 탓할 수가 없다. 자신만 탓할 수 있다.

> "선택의 자유는 선택의 책임을 만든다. 그리고 그 책임이 실패를 개인의 것으로 만든다."
>
> — 배리 슈워츠

탐색을 멈추는 것이 손실이 아니다

———

슈워츠의 답은 단순하다. 선택지를 줄이는 것이다. 연애에 적용하면 이렇다. 매칭을 무한정 이어가지 않는 것. 충분히 좋은 사람을 만나면 다른 옵션을 닫는 것. 새로운 가능성을 탐색하는 데 쓰던 에너지를 지금 있는 관계에 쓰는 것. 포기처럼 느껴진다. 슈워츠는 그것이 실제로는 획득이라고 말한다. 다른 가능성을 닫는 것이 지금 있는 것에 집중하는 것을 가능하게 한다.

만족자는 충분히 좋은 것을 만나면 탐색을 멈춘다. 그 멈춤이 지금 있는 것을 온전히 경험하게 해준다. 최대화자는 멈추지 못한다. 더 나은 것을 찾아 계속 움직인다. 그래서 어디에서도 온전히 있지 못한다.

지금 관계에서 다른 가능성을 얼마나 열어두고 있는가. 다른 사람과의 가능성을 완전히 닫지 않았는가. 선택지를 열어둠으로써 지금 있는 것을 경험하지 못하고 있는 것일 수 있다.

탐색을 멈추는 순간

옆에 사람이 있다. 충분히 좋은 사람이다. 완벽하지 않다. 결점이 있다. 가끔 답답하다. 하지만 좋은 사람이다. 그런데 수만 개의 가능성이 머릿속에 있다. 이 사람에게서 부족함을 느끼는 것이, 이 사람의 문제인가, 수만 개의 가능성이 만든 환상인가. 최대화자는 이 질문 앞에서 멈추지 못한다. 더 나은 사람이 있을 것이다. 그래서 탐색을 멈추지 못한다. 멈추지 못하니 옆에 있는 사람을 온전히 보지 못한다. 온전히 보지 못하니 관계가 깊어지지 않는다. 깊어지지 않

으니 부족하다고 느낀다. 부족하다고 느끼니 다시 탐색한다. 순환
이다.

만족자의 선택은 다르다. 충분히 좋은 사람 앞에서 탐색을 멈춘
다. 다른 가능성을 닫는다. 그 순간 옆에 있는 사람이 달라 보이기 시
작한다. 수만 명의 그림자가 사라지고, 이 한 사람이 선명해진다. 선
택지를 닫는 것이 포기가 아니다. 지금 있는 것을 처음으로 온전히
보기 위한 조건이디.

• 『선택의 역설』 선택 과잉이 어떻게 불행을 만드는지 　　　　난이도 ★★☆☆☆

보부아르의
제2의 성

사랑 안의 권력을 보지 못하면 반복된다

06

Simone de Beauvoir

보부아르의 철학을 안다는 것은 '여성은 만들어진다'를 외우는 게 아니다. 사랑 안에서 자유가 어떻게 포기되는지를, 그리고 그 포기가 사랑이 아니라 훈련의 결과라는 것을 보는 것이다.

사랑에 모든 것을 걸었다

그녀는 다 줬다. 일을 줄였다. 친구들과의 약속을 미뤘다. 취미를 내려놨다. 상대가 좋아하는 것을 좋아하려 했다. 상대의 계획에 맞췄다. 상대가 기분 나쁜 날은 자신도 조심했다. 상대가 원하는 모습이 되려 했다. 사랑하기 때문이었다. 이 관계가 소중했기 때문이었다. 그런데 어느 날 거울을 봤다. 낯선 사람이 있었다. 내가 뭘 좋아하는지 오래 생각해야 했다. 내가 뭘 원하는지 금방 대답이 나오지 않았다. 어디서부터 내가 없어진 건지 알 수 없었다.

시몬 드 보부아르 Simone de Beauvoir는 이것이 사랑의 실패가 아니라고 말한다. 사랑이라는 이름으로 일어나는 자유의 포기라고. 그리고 그 포기가 개인의 선택이 아니라 구조의 산물이라고.

금서 목록에 오른 책

1949년, 보부아르는 『제2의 성』을 출판했다. 두 권으로 이루어진 이 책은 즉각 논쟁을 일으켰다. 교황청은 금서 목록에 올렸다. 프랑스 우파는 공격했다. 알베르 카뮈는 "프랑스 남성을 웃음거리로 만들었다"고 했다. 일부 페미니스트들조차 불편해했다.

그런데도 출판 첫 주에 2만 2,000부가 팔렸다. 왜? 여성들이 자기 경험을 처음으로 언어로 만난 것이었기 때문이다. 느끼고 있었지만 말할 수 없었던 것을, 보부아르가 말해줬다. 핵심 문장은 하나였다.

"여자로 태어나는 것이 아니라, 여자가 되는 것이다."

—『제2의 성』

이 문장이 왜 혁명적인가. 여성의 특성이 생물학적으로 주어진 것이 아니라 사회적으로 만들어진다는 것이기 때문이다. 그리고 만들어진 것은 바꿀 수 있다는 것이기 때문이다.

기준이 남성인 세계

보부아르는 사르트르의 실존주의를 여성의 조건에 적용했다. 사르트르가 말한 타자의 구조가 있다. 나는 주체이고, 타인은 객체가 된다. 보부아르는 여기서 한 가지를 발견했다. 역사적으로 여성은 항상 타자였다. 남성이 주체로 서는 역사 안에서 여성은 "다른 것"으로 정의됐다. 남성이 기준이고 여성은 그 기준에서 벗어난 것. 남성이 인간이고 여성은 "여성적" 인간.

일상의 언어를 들어보라. "여의사." "여교수." "여사장." 남성 직업에 '여'를 붙인다. 그냥 의사, 교수, 사장이 아니라 '여자인' 의사, 교수,

사장. 기준이 남성이라는 것을 언어가 매 순간 드러낸다. 아리스토텔레스가 말했다. 여성은 결함이 있는 남성이라고. 프로이트가 말했다. 여성은 페니스가 없는 존재라고. 성경은 말한다. 여성은 남성의 갈비뼈에서 나왔다고. 수천 년에 걸쳐 반복된 같은 구조. 남성을 기준으로 여성을 정의한다. 여성은 스스로를 정의하지 않는다. 정의되는 존재다.

"여성은 인류의 절반이 아니다. 인류의 절반은 남성이고, 여성은 그 남성에 의해 정의된 것이다."

—『제2의 성』

여성에 대한 신화

보부아르는 『제2의 성』 1권 전체를 "신화"에 할애했다. 남성이 여성에게 투사한 이미지들이 있다. 어머니 — 무한히 베푸는 존재. 성녀 — 순결하고 희생적인 존재. 창녀 — 성적으로 위험한 존재. 뮤즈 — 남성의 창조를 영감을 주는 존재. 영원한 여성 — 신비롭고 이해할 수 없는 존재. 공통점이 있다. 여성 자체가 아니라 남성에게 어떤 의미를 갖는가로 정의된다는 것이다. 여성은 자신이 아니라 남성에게 무엇인가로 존재한다.

더 불편한 것이 있다. 여성이 이 신화들을 스스로 내면화한다는 것이다. 어머니처럼 베푸는 여성이 좋은 여성이라는 것을 배웠다. 그래서 관계에서 끝없이 준다. 순결하고 희생적인 것이 아름다운 것이라고 배웠다. 그래서 자신의 필요를 말하지 않는다. 영원한 여성이 매력적이라는 것을 알았다. 그래서 신비로운 척한다.

이것들이 선택처럼 느껴진다. 하지만 보부아르는 묻는다. 선택할 다른 이미지가 없었다면, 그것이 진짜 선택인가.

사랑에서 자유가 사라지는 방식

———

보부아르의 이론이 연애와 만나는 지점이 있다. 사랑에서 여성이 자유를 포기하는 구조다. 보부아르는 여성이 사랑을 경험하는 방식이 남성과 다르다고 봤다. 그리고 그 차이가 사회적으로 만들어진 것이라고. 여성은 사랑에 전부를 걸도록 훈련받았다. 사랑이 삶의 중심이어야 한다고. 상대를 위해 희생하는 것이 아름다운 것이라고. 나를 내려놓는 것이 사랑의 증거라고 배운다. 이 훈련이 너무 깊어서 자신도 의식하지 못한다. 선택이라고 느끼는 것이다.

그 결과 여성은 사랑 안에서 자신을 지운다. 상대의 세계가 자신의 세계가 된다. 상대의 꿈이 자신의 꿈이 된다. 상대의 취향이 자신의 취향이 된다. 상대를 통해 존재하려 한다. 보부아르는 이것이 사랑이 아니라고 말한다. 자유의 포기라고.

"진정한 사랑은 두 자유의 상호적 인정 위에 세워져야 한다."

—『제2의 성』

자신을 잃은 사람은 상대에게 줄 것이 없다. 자신의 세계를 상대의 세계에 완전히 합쳐버린 사람은 결국 상대에게 부담이 된다. 상대의 모든 것에 매달리게 된다. 그것이 관계를 질식시킨다. 보웬은 이것을 자기분화라고 불렀다. 보부아르는 자유라고 부른다. 언어만 다를 뿐 같은 말이다. 자신을 유지하는 사람만이 진짜로 연결될 수 있다

사랑의 비대칭

———

남성은 사랑 이외의 것들이 있다. 일, 야망, 프로젝트, 사회적 역할. 사랑은 삶의 일부다. 중요하지만 전부는 아니다. 여성에게는 사랑이 삶의 전부가 되도록 압력이 작동한다. 한 커플이 있다. 남자는 사랑하면서도 자기 일을 유지한다. 프로젝트가 있다. 야근도 한다. 주말에 친구를 만난다. 여자도 일을 한다. 하지만 관계가 깊어지면서 일을 줄인다. 상대의 일정에 맞춘다. 주말에 친구를 덜 만난다. 상대와의 시간을 우선순위에 놓는다. "사랑하니까"라고 말한다. 하지만 남자는 같은 이유로 일을 줄이지 않았다. 같은 사랑인데 비용이 다르다. 사랑에 전부를 건 사람은 더 많이 필요로 하고, 더 많이 요구

하고, 더 쉽게 상처받는다. 사랑을 삶의 일부로 두는 사람은 숨막힌다고 느낀다. 양쪽 다 상대를 탓한다. 하지만 개인의 성격 문제가 아니다. 구조의 문제다.

"남성에게 사랑은 삶의 한 가지 직업이다. 여성에게 사랑은 삶 그 자체다."

—『제2의 성』

보부아르는 이 구조가 변해야 한다고 봤다. 여성도 사랑 이외의 프로젝트를 가져야 한다고. 일, 창작, 지적 탐구. 자신만의 세계. 그것이 있어야 사랑 안에서도 자유로울 수 있다.

연애에서 상대보다 더 많이 필요로 하고, 더 자주 연락하고, 관계에 더 많이 투자하고 있다면 — 그것이 자신의 삶에서 다른 프로젝트가 충분한지를 물어보는 신호일 수 있다. 사랑이 삶의 전부가 되면 상대에게 과부하가 걸린다.

보부아르와 사르트르 — 자유의 불평등한 비용

보부아르의 이론은 자신의 삶에서 나왔다. 그리고 자신의 삶이 이론의 한계까지 보여줬다. 보부아르는 사르트르와 평생 함께했다.

결혼하지 않았다. 각자의 자유를 유지하는 개방적 관계를 선택했다. 둘 다 다른 연애를 했다. 이론의 실천처럼 보인다. 하지만 보부아르의 회고록을 읽으면 더 복잡한 그림이 나온다. 사르트르의 다른 연애들이 보부아르를 고통스럽게 했다. 보부아르도 다른 사랑을 했다. 넬슨 올그런이라는 미국 작가와 깊은 관계를 가졌다. 하지만 결국 사르트르 곁으로 돌아왔다. 사르트르는 보부아르에게 "필수적 사랑"이라 했고, 다른 여성들은 "우발적 사랑"이라 불렀다. 보부아르는 그 언어를 받아들였다.

같은 자유를 선택했는데, 그 비용이 동등하지 않았다. 사르트르는 더 자유로웠고, 보부아르는 더 많이 감당했다. 보부아르 자신이 분석한 바로 그 구조가 자기 관계에서도 작동하고 있었다. 보부아르는 지기 삶이 이론과 완전히 일치한다고 말하지 않았다. 투쟁이었다고 말했다. 그 투쟁의 정직함이 이 이론을 더 강하게 만든다.

생물학은 운명이 아니다

생물학적 차이는 있다. 여성이 임신하고 출산한다. 사실이다. 보부아르는 그것을 부정하지 않는다. 하지만 그것이 왜 여성이 자기 프로젝트를 포기해야 한다는 뜻인가. 왜 여성이 사랑 안에서 자신을 지워야 한다는 뜻인가. 생물학적 조건이 사회적 역할을 결정하는 것이 아니다. 사회가 그 조건을 해석하고, 의미를 부여하고, 역할을 만든다. 그 해석은 바꿀 수 있다. "여자로 태어나는 것이 아니라 여자가 되는 것이다." 태어나는 것은 바꿀 수 없다. 하지만 되는 것은 바꿀 수 있다.

1949년의 질문이 아직도 유효한 이유

보부아르는 75년 전에 썼다. 그런데 왜 지금도 읽히는가. 구조가 바뀌지 않았기 때문이다. 더 미묘해졌을 뿐이다. 여성에게 일도 하라고 한다. 하지만 동시에 좋은 상대도 되고, 좋은 어머니도 되고, 외모도 관리하고, 언제나 상냥하고, 감정적으로 지지해줘야 한다. 전부 동시에. 하나라도 빠지면 실패다.

연애에서도 같다. 헌신적이어야 한다. 하지만 독립적이어야 한다. 감정적이어야 한다. 하지만 너무 감정적이면 안 된다. 성적으로 매력적이어야 한다. 하지만 너무 적극적이면 안 된다. 양쪽 끝을 동시에 요구받는다. 압력은 사라지지 않았다. 형태만 바뀌었다. 그 압력을 아는 것이 조금이라도 자유로워지는 첫걸음이다.

INSIGHT

연애에서 당연하다고 여기는 것들을 한번 뒤집어보라. "여자가 더 감정적이다." 사실인가, 그렇게 훈련받은 것인가. "남자가 먼저 연락해야 한다." 왜? "여자가 더 양보해야 한다." 왜? 이 "왜"에 명확한 답이 없다면, 그것은 본성이 아니라 구조다.

자유로운 두 사람의 사랑

내일 아침 당신은 거울을 본다. 거기 있는 사람이 누구인가. 사랑하는 사람의 취향을 가진 사람인가, 자기 취향을 가진 사람인가. 상대의 세계에 사는 사람인가, 자기 세계를 가진 사람인가. 상대를 위해 포기한 것의 목록이 떠오르는가. 그 포기를 사랑이라고 부르고 있는가. 자신을 지우는 것은 사랑의 증거가 아니다. 사회가 훈련시킨 포기다. 그리고 그 포기가 결국 사랑 자체를 망가뜨린다.

진짜 사랑은 자신을 지우는 것이 아니다. 두 자유로운 존재가 서로를 선택하는 것이다. 각자가 자기 세계를 유지하면서 함께하기로 선택하는 것이다. 더 어렵다. 자신을 잃는 것은 아무 노력이 필요 없다. 그냥 놔두면 된다. 하지만 자신을 지키면서 사랑하는 것은 계속 선택해야 하는 일이다. 보부아르는 그것을 완벽하게 살지 못했다. 그래서 이것을 알았다. 내일 아침 거울을 봤을 때 낯선 사람이 보인다면, 되찾아야 할 것이 있다. 상대를 덜 사랑하라는 뜻이 아니다. 사랑할 수 있는 자기 자신을 먼저 되찾으라는 뜻이다.

• 『제2의 성』 여성의 조건을 철학적으로 해부한 고전　　　난이도 ★★★☆☆

롤랑 바르트의 사랑의 단상

사랑하는 자는 왜 미치광이가 되는가

07

Roland Barthes

사랑 안에서 가장 혼자인 순간이 있다. 상대가 곁에 없을 때가 아니라, 곁에 있는데도 닿지 않을 때. 바르트의 철학을 안다는 것은 '사랑의 담론'을 외우는 게 아니다. 사랑 안의 고독이 실패가 아니라 구조라는 것을 보는 것이다.

약속 시간 10분 후

약속 시간 10분 전에 도착했다. 자리를 잡았다. 핸드폰을 봤다. 연락이 없었다. 문을 봤다. 아직이었다. 다시 핸드폰을 봤다. 5분이 지났다. 문을 봤다. 아직이있다. 메시지를 보낼까 생각했다. 보내지 않았다. 너무 예민하게 보일 것 같았다. 약속 시간이 됐다. 상대가 없었다. 5분이 지났다. 메시지를 보냈다. "도착했어?" 답이 없었다. 10분이 지났다. 다시 봤다. 읽음 표시가 생겼다. 그런데 답이 없었다. 이 10분이 이상하게 길었다. 아무 일도 일어나지 않았는데, 이 10분 안에 수십 가지 시나리오가 지나갔다. 무슨 일이 생긴 건가. 나를 잊은 건가. 싫증 난 건가. 혹시 오다가.

롤랑 바르트Roland Barthes는 이 10분을 안다. 그리고 이것이 사랑하는 사람의 조건이라고 말한다. 기다리는 사람은 항상 혼자다. 상대는 오거나 오지 않는 사람이지만, 기다리는 사람은 그 공백 안에서 홀로 언어를 만들어낸다.

기호학자가 사랑에 빠졌을 때

바르트는 프랑스의 문학이론가이자 기호학자다. 텍스트, 신화,

사진, 음악, 패션. 세상의 모든 것을 기호로 읽어낸 사람이다. 그 사람이 마지막에 분석한 것이 사랑이었다.

1977년 『사랑의 단상』이 출판됐다. 형식이 독특했다. 알파벳 순서로 배열된 단어들. "부재absence", "기다림attente", "눈물pleurer", "불안angoisse", "헌신dévouement". 각 단어 아래 사랑하는 사람이 경험하는 감정과 생각의 파편들이 놓여 있었다. 소설이 아니다. 이론서도 아니다. 사랑하는 사람의 내면 언어를 기록한 것이다. 바르트가 이 책을 쓸 수 있었던 이유가 있다. 그 자신이 사랑 안에 있었기 때문이다. 62세. 평생 어머니와 함께 살았다. 어머니가 그의 세계의 중심이었다. 그리고 자신보다 훨씬 젊은 남성들을 사랑했다. 이 책의 화자처럼 바르트도 기다리는 쪽이었다.

"사랑하는 자의 담론은 극도의 고독 속에 있다."

—『사랑의 단상』

아무도 진지하게 듣지 않는 언어

바르트가 말하는 담론discourse은 말하는 방식이다. 어떤 주제에 대해 어떤 언어로 어떤 방식으로 말하는가. 과학에는 과학의 담론이 있다. 정치에는 정치의 담론이 있다. 그 언어들은 진지하게 취급된다. 학교에서 가르치고, 책으로 엮이고, 토론된다.

사랑에는 그런 담론이 없다고 바르트는 말한다. 더 정확히는, 사랑하는 사람의 말은 아무도 진지하게 듣지 않는다. 상대에게 버림받은 사람이 있다. 그는 말한다. 상대가 없으면 살 수 없다고. 이 고통이 끝나지 않을 것 같다고. 주변 사람들은 생각한다. "시간이 지나면 나아질 거야." "더 좋은 사람 만나면 돼." "너무 집착하는 거 아니야?" 사랑하는 사람의 말은 합리적이지 않다고 여겨진다. 과장됐다고 여겨진다. 그래서 진지하게 받아들여지지 않는다. 사랑의 언어는 공식적인 영역에서 추방됐다. 바르트는 이것에 저항했다. 사랑하는 사람의 말이 비합리적인 것이 아니라, 그 언어가 철학과 문학에서 진지하게 다뤄지지 않았을 뿐이라고. 그래서 사랑하는 사람은 자신의 경험을 표현할 언어가 없다. 혼자 파편화된 언어로 자신의 내면을 말할 뿐이다.

"사랑하는 사람의 담론은 오늘날 극도로 고독하다. 이 담론은 아마도 언어들 중에서 가장 고독한 것일 것이다."

— 『사랑의 단상』

사랑 안에서 느끼는 감정을 다른 사람에게 말했을 때 제대로 이해받지 못한 경험이 있는가. "그냥 잊어버려", "너무 집착하는 거 아니야?"라는 말을 들은 적 있는가. 그것은 당신의 감정이 과장된 것이 아니다. 사랑의 담론이 진지하게 다뤄지지 않는 구조 때문이다.

사랑의 기술

더 사랑하는 사람이 더 기다린다

———

바르트가 가장 길게 분석한 감정이 기다림이다.

"사랑하는 자의 숙명적 정체성은 바로 이것이다. 나는 기다리는
자다."

—『사랑의 단상』

기다리는 것과 기다림을 받는 것은 완전히 다른 경험이다. 기다
리는 사람에게 시간은 늘어난다. 공간이 비어 있다. 상대가 없다는
것이 온 신경에 각인된다. 그 공백 안에서 혼자 의미를 만들어낸다.
연락이 없다 — 무슨 뜻인가. 늦는다 — 왜인가. 읽었는데 답이 없다
— 어떤 신호인가. 기다림을 받는 사람에게는 그런 일이 일어나지 않
는다. 그는 자신의 삶을 살고 있다. 늦고 있다는 것을 알지만 그것이
상대에게 어떤 언어를 만들어내는지 모른다.

카톡을 보내고 읽씹당한 적이 있는가. 그 시간 동안 당신 안에서
무슨 일이 일어났는가. 나중에 상대가 답장했을 때, 그 사이 시간에
상대가 뭘 하고 있었는지 물어본 적 있는가. 아마 당신이 상상했던
것과 전혀 다른 이유였을 것이다. 그냥 바빴거나, 핸드폰을 안 봤거
나, 뭘 답할지 고민하다 잊었거나. 당신의 10분과 상대의 10분은 다
른 세계에 있었다. 더 사랑하는 사람이 더 기다린다. 더 기다리는 사

람이 더 혼자다. 더 혼자인 사람이 더 많은 이야기를 만든다. 그리고 그 이야기가 현실과 만나는 순간, 대부분 어긋난다.

없는 사람이 있는 사람보다 크다

————

부재absence가 현존presence보다 더 강렬하다. 상대가 옆에 있을 때는 그냥 있다. 당연하다. 배경이다. 하지만 상대가 없으면 그 없음이 전면에 나선다. 모든 곳에 상대의 부재가 각인된다. 집에 돌아왔을 때 상대가 없다는 것. 밥을 먹을 때 상대가 없다는 것. 재밌는 것을 봤는데 말할 상대가 없다는 것.

이 이별이 왜 그렇게 고통스러운지를 설명한다. 이별은 상대를 잃는 것이 아니다. 상대의 부재를 매 순간 경험하는 것이다. 상대가 있어야 할 자리가 계속 비어 있다는 것을 반복적으로 인식하는 것이다. 그리고 부재가 상대를 이상화한다. 있을 때는 보이던 결점들이 없을 때는 보이지 않는다. 부재 안에서 상대는 완벽해진다.

"상대방이 없을 때, 나는 그를 어떤 현존도 대체할 수 없는 방식으로 이미지들로 채운다."

—『사랑의 단상』

"사랑해"는 천 번째에도 같은 말인가

사랑하는 사람은 자기가 느끼는 것을 정확하게 말할 수 없다. 말하면 과장처럼 들린다. 이유가 있다. 언어는 공유된 것이다. "미칠 것 같아"는 내게 진짜 감각이지만, 듣는 사람에게는 그냥 흔한 표현이다. 언어가 감정을 담기에 너무 작다. 말하는 순간 이미 그 감정이 아니다. 감정은 흐르는 것인데 언어는 멈추려 한다. 지금 이 느낌을 말로 꺼내는 순간, 그것은 이미 지나간 것이 된다.

"사랑해"라는 말을 생각해보라. 처음 말했을 때를 기억하는가. 그때 그 말은 모든 것을 담고 있었다. 세상이 달라 보였다. 그런데 천 번째 "사랑해"는 어떤가. 습관이 됐다. 전화 끊기 전에 하는 인사가 됐다. 같은 단어인데 무게가 다르다.

언어는 감정을 닳게 만든다. 처음에 전부를 담았던 말이 반복되면서 비어간다. 그래서 사랑하는 사람은 새로운 말을 찾아야 한다. 더 강한 표현, 더 정확한 단어. 하지만 언어는 이미 있는 것들의 조합이다. 완전히 새로운 것을 말하기 어렵다.

가장 전하고 싶을 때 말이 가장 부족하다. 그것이 사랑 안에서의 고독이다.

사랑하는 사람과 사랑받는 사람

사랑하는 사람lover과 사랑받는 사람beloved은 완전히 다른 경험 안에 있다. 사랑하는 사람은 말하는 사람이다. 언어를 만들어내는 사람이다. 감정을 경험하고, 해석하고, 의미를 부여하는 사람이다. 기다리고, 의심하고, 상상하고, 두려워하는 사람이다. 사랑받는 사람은 이 모든 것의 대상이다. 하지만 그 언어가 자신에게 향하고 있다는 것을 모른다. 상대방이 자신의 사소한 행동 하나에 어떤 의미를 부여하는지 모른다. 상대방이 자신의 부재 안에서 어떤 세계를 만들고 있는지 모른다.

사랑하는 사람은 자신의 내면에 상대를 만든다. 실제 상대가 아니라 자신이 만든 이미지로서의 상대를. 그 이미지와 실제 상대는 다르다. 하지만 사랑하는 사람은 그 이미지를 사랑한다. 상대가 곁에 있어도, 자신의 내면에서 만들어진 상대와 함께 있는 것이다. 실제 상대와 완전히 같은 공간에 있는 것이 아니다. 그래서 사랑하는 사람은 항상 혼자다.

내가 사랑하는 사람은 내가 만든 사람이다

———

사랑하는 사람은 실제 상대를 사랑하는 것이 아니다. 자기가 만들어낸 상대의 이미지를 사랑한다. 누군가를 처음 만났다. 대화를 나눴다. 그 순간부터 상대에 대한 이미지를 만들기 시작한다. 상대가 한 말, 표정, 몸짓. 이것들이 조합돼서 내 안의 상대가 만들어진다. 기억들이 쌓인다. 의미가 부여된다.

시간이 지나면서 그 이미지는 실제 상대와 달라지기 시작한다. 보고 싶은 것만 보고, 보고 싶지 않은 것은 다르게 해석한다. 그래서 상대가 이미지에서 벗어나는 행동을 할 때 배신감을 느낀다. "이런 사람인 줄 몰랐어." 하지만 상대는 변한 것이 아니다. 처음부터 그런 사람이었다. 내 이미지가 현실과 충돌한 것이다.

"나는 고통받았다고 생각했다, 사랑받지 못해서. 하지만 사실은 사랑받는다고 생각했기 때문에 고통받은 것이었다."

— 바르트

사랑이 불가능하다는 뜻인가. 바르트는 그것도 말하지 않는다. 다만 이미지를 사랑한다는 것을 아는 것과 모르는 것은 다르다. 알면 이미지가 깨졌을 때 덜 배신당한다. 상대가 변한 게 아니라 내 이미지가 틀렸다는 것을 볼 수 있다.

다음 10분이 올 때

바르트는 사랑의 고독에 대한 해결책을 제시하지 않았다. 기다림을 없애는 방법을 말하지 않았다. 부재의 고통을 줄이는 방법도, 언어의 실패를 극복하는 방법도 말하지 않았다. 대신 그는 그것들에 이름을 붙였다. 기다림. 부재. 언어의 실패. 사랑하는 사람의 고독. 이름이 왜 중요한가. 이름이 없으면 자기가 겪는 것이 비정상인 것처럼 느껴진다. 너무 예민한 것처럼 느껴진다. 이름이 생기면 달리진다. "이것이 기다림이다." "이것이 부재의 고통이다." "이것이 사랑하는 사람이 겪는 것이다." 그리고 "나만 이런 것이 아니다."

약속 장소에서 10분을 기다렸다. 그 10분 안에 수십 가지 시나리오가 지나갔다. 그것은 당신이 예민해서가 아니다. 사랑하는 사람은 항상 그렇게 기다린다. 항상 그렇게 혼자다. 사랑하는 사람은 항상 혼자다. 하지만 그 고독이 사랑의 실패가 아니라 사랑의 구조라는 것을 아는 순간, 조금 덜 혼자가 된다.

사랑 안에서 느끼는 불안, 기다림, 의심이 너무 예민한 것처럼 느껴진 적이 있는가.
그것은 사랑하는 사람이라면 누구나 겪는 것이다. 당신만 그런 것이 아니다.

바르트 더 읽기

• 『**사랑의 단상**』 사랑의 감정들을 해부한다　　　　　　　난이도 ★★★☆☆

Roland
Barthes

벨 훅스의
올 어바웃 러브

사랑은 명사가 아니라 동사다

08

bell
hooks

사랑한다고 말하면서 상처를 준다. 우리는 이것을 모순이라고 생각한다. 훅스는 다르게 본다. 모순이 아니라 오류라고. 그것은 사랑이 아니었다고. 훅스의 철학을 안다는 것은 '사랑은 행동이다'를 외우는 게 아니다. 우리가 사랑이라고 부르는 것 중 실제로 사랑인 것이 얼마나 되는지를 묻는 것이다.

사랑받았는데 왜 상처받았을까

———

그 사람은 분명히 사랑한다고 했다. 자주 연락했다. 선물도 줬다. "사랑해"라는 말도 했다. 싸울 때마다 "너를 사랑하기 때문에 이러는 거야"라고 했다. 그런데 상처받았다. 말로 깎아내렸다. 원하지 않는 것을 강요했다. 중요한 결정을 혼자 내렸다. 화가 나면 며칠씩 연락을 끊었다. 사과할 때는 늘 "하지만 너도 잘못한 게 있잖아"가 붙었다. 사랑한다면서 왜 이런가. 상대가 거짓말을 한 것인가. 아니면 이것도 사랑의 일부인가. 혼란스럽다.

벨 훅스bell hooks는 이 질문에 다른 방향으로 답한다. 그 사람이 거짓말을 한 것이 아닐 수 있다고. 진심으로 사랑한다고 믿었을 것이라고. 문제는 다른 곳에 있다. 그것이 사랑이 아니었을 뿐이다.

사랑의 정의가 없는 사회

———

훅스는 미국의 작가이자 사회비평가다. 이름을 소문자로 쓴 것이 유명하다. 자신의 이름보다 자신의 작업이 중심이 되어야 한다는 이유에서였다. 2000년, 『올 어바웃 러브』를 출판했다. 이유는 개인적이었다. 15년간 함께한 관계가 끝났다. 자신도, 상대도 사랑한다고 말했다는 것을 알았다. 사랑이 있었는데 왜 관계가 망가졌는가. 훅스가 찾은 답은 하나였다. 우리 사회에는 사랑에 대한 합의된 정의가 없다.

"우리 사회는 사랑에 대한 합의된 정의가 없다. 그래서 사랑이라는 이름으로 무엇이든 할 수 있다."

—『올 어바웃 러브』

정의가 없으니 아무것이나 사랑이라고 부른다. 집착도 사랑이다. 통제도 사랑이다. 폭력까지도 "사랑하기 때문에"라는 이름이 붙는다.

당신은 사랑을 어디서 배웠는가

———

훅스가 이 책을 쓰면서 주변 사람들에게 물어본 것이 있다. "사랑이 무엇인지 어디서 배웠는가." 대부분이 대답하지 못했다. 혹은 영화, 드라마, 팝송이라고 했다. 당신도 대답해보라. 사랑이 무엇인지를 어디서 배웠는가. 학교에서 배운 적이 있는가. 부모에게 명시적으로 배운 적이 있는가. "사랑은 이런 것이다"라고 누군가 알려준 적이 있는가. 아마 없을 것이다. 우리는 수천 시간의 수학, 과학, 역사를 배운다. 하지만 사랑하는 법은 한 번도 배운 적이 없다. 대신 문화가 교육을 대신했다. 드라마에서 보여주는 것이 사랑이 됐다. 팝송이 부르는 것이 사랑이 됐다. 강렬한 감정, 운명적인 만남, 모든 것을 바치는 헌신. 그것이 사랑이라고. 낭만주의의 환상을 비판하는 것만으로는 부족하다. 훅스는 한 발 더 나간다. 그 환상이 실제 사랑을 배우는 것을 어떻게 막는지를 말한다. 사랑의 이미지가 넘치는 문화에서 사랑의 실천은 가르쳐지지 않는다.

사랑이 아닌 것들

———

훅스는 먼저 사랑이 아닌 것들을 제거한다. 집착은 사랑이 아니다. 상대 없이 살 수 없다는 느낌, 상대의 모든 것을 알고 싶은 욕구, 상대가 다른 사람과 있을 때 느끼는 공포. 이것은 사랑처럼 느껴지지만 사랑이 아니다. 두려움이다. 강렬한 감정은 사랑이 아니다. 처음 만났을 때의 설렘, 상대를 생각하면 가슴이 뛰는 것, 함께 있으면 세상이 달라 보이는 것. 이것도 사랑처럼 느껴지지만 사랑이 아닐 수 있다. 시간이 지나면 사라진다. 사라진 뒤에 남는 것이 사랑인지가 문제다. 통제는 사랑이 아니다. "내가 걱정되니까." "너를 보호하려고." "사랑하기 때문에." 이 말들로 포장된 통제. 상대의 행동을 감시하고, 교우 관계를 제한하고, 선택을 대신 내리는 것. 사랑의 이름으로 자유를 빼앗는 것. 그렇다면 사랑은 무엇인가. 훅스는 정신과 의사 M. 스캇 펙의 정의를 빌려온다. "사랑은 자신과 타인의 영적 성장을 양육하기 위해 자아를 확장하려는 의지다." 핵심은 세 단어다. 의지. 양육. 성장. 이것들은 감정이 아니다. 행동이다. 선택이다. 매일 갱신해야 하는 것이다.

"사랑은 우리가 느끼는 것만이 아니라 하는 것이다. 동사이지 명 사가 아니다."

— 벨 훅스

지금까지 사랑이라고 불렀던 것들을 떠올려보라. 강렬한 끌림이었는가, 집착이었는 가, 아니면 상대의 성장을 위한 행동이었는가. 정직하게 구분해보라. 구분이 어렵다 면, 그것이 정확히 훅스가 말하는 문제다. 우리는 구분을 배운 적이 없다.

상처를 주면서 사랑한다고 말하는 사람들

우리는 어린 시절 가정에서 사랑을 배운다. 그런데 그 가정이 사 랑을 제대로 가르치지 못했다. 당신의 어린 시절을 따라가보라. 부 모는 사랑했는가. 아마 했을 것이다. 그런데 그 사랑이 어떤 형태였 는가. 많은 사람이 사랑받으면서 동시에 상처받으며 자랐다. 부모는 사랑했다. 하지만 때리기도 했다. 비난하기도 했다. 무시하기도 했 다. 조건을 달기도 했다. "공부 잘 하면 사랑해." "말 잘 들으면 사랑해." 사랑과 고통이 한 묶음으로 왔다.

그 경험이 사랑의 감각을 만들었다. 사랑은 고통과 함께 온다. 사랑은 조건이 있다. 사랑하는 사람도 상처를 줄 수 있다. 이것이 당연한 것이라고 몸이 배웠다. 성인이 된 후 같은 패턴이 반복된다. 상처를 주면서 사랑한다고 말하는 상대를 만난다. 상처가 친숙하다. 불편하지만 낯설지 않다. 이것이 사랑처럼 느껴진다. 훅스는 여기서선을 긋는다. 사랑과 학대는 공존할 수 없다고. 상처를 주면서 사랑하는 것은 불가능하다고. "사랑하기 때문에 때린다"는 말이 성립하지 않는다고. 그것은 사랑이 아니라 학대라고.

불편한 이유가 있다. 많은 사람의 부모가 그랬기 때문이다. 부모를 학대자로 보는 것이 어렵다. 하지만 훅스는 피하지 않는다. 사랑과 학대를 분리하지 않으면 같은 패턴이 다음 세대로 전달된다고.

"우리가 사랑이라고 부르는 것 안에는 어린 시절에 배운 학대의 구조가 들어 있는 경우가 많다."

—『올 어바웃 러브』

어린 시절 가정에서 사랑을 어떻게 경험했는가. 사랑하면서 상처를 주는 것이 자연스럽게 느껴지는가. 상대가 나에게 상처를 주면서 사랑한다고 말할 때 그것을 사랑으로 받아들인 적이 있는가. 그것이 어린 시절에 배운 것일 수 있다.

사랑이 두렵다는 것

사람들은 사랑을 원한다고 말한다. 하지만 실제로는 사랑을 두려워한다. 왜인가. 진짜 사랑은 변화를 요구하기 때문이다. 진짜 사랑을 받으려면 자기가 보여야 한다. 숨기고 있는 것들, 약한 부분들, 두려운 것들이 드러나야 한다. 그것이 두렵다. 거절당할 수 있다. 판단받을 수 있다. 진짜 사랑을 주려면 자기가 달라져야 한다. 상대의 성장을 지지하기 위해 자기 편의를 내려놓아야 할 때가 있다. 정직하게 말하기 위해 갈등을 감수해야 할 때가 있다. 권력을 내려놓아야 할 때가 있다. 그것이 불편하다.

그래서 많은 사람이 사랑 대신 사랑처럼 보이는 것을 선택한다. 강렬한 감정. 함께 있을 때의 편안함. 상대가 자기를 좋아한다는 확인. 이것들은 사랑의 느낌을 준다. 하지만 변화를 요구하지 않는다. 당신이 원하는 것이 사랑인가, 사랑의 느낌인가. 상대에게 진짜 자기를 보여줄 수 있는가. 불편한 진실을 말할 수 있는가. 이것들이 어렵다면, 사랑이 두려운 것일 수 있다. 훅스는 말한다. 그것이 정상이라고. 하지만 그 두려움을 피하는 것이 관계를 공허하게 만든다고.

거짓말이 사랑을 죽이는 방식

훅스가 사랑의 실천에서 가장 먼저 말하는 것은 정직이다. 관계에서 왜 거짓말을 하는가. 상대를 보호하려고. 갈등을 피하려고. 상대가 상처받을까봐. 관계가 깨질까봐. 상대가 묻는다. "나 요즘 어때?" 당신은 불만이 있다. 최근 상대가 자기 중심적이었다. 하지만 말하면 싸움이 될 것 같다. "좋지, 왜?"라고 답한다. 상대는 안심한다. 당신은 삼킨다. 이것이 반복된다. 삼킨 것들이 쌓인다. 어느 날 폭발한다. 상대는 당황한다. "갑자기 왜 그래? 아무 문제 없었잖아." 아무 문제 없었던 게 아니다. 말하지 않았을 뿐이다. 훅스는 이것이 상대를 보호하는 것이 아니라고 말한다. 진짜 연결을 막는 것이라고. 진짜 나를 숨기면 상대는 진짜 나를 사랑할 수 없다. 상대가 사랑하는 것은 내가 보여준 이미지다. 그 이미지와 실제 나 사이의 간격이 벌어질수록 고독이 깊어진다. 옆에 있는데 혼자다.

징직은 불편하다. 상대가 듣고 싶지 않은 것을 말해야 할 수도 있다. 갈등이 생길 수도 있다. 하지만 그 불편함이 친밀함의 조건이다. 정직 없이는 진짜 연결이 없다.

"정직을 선택하는 것이 사랑의 과정에서 첫 번째 단계다. 속이는 사람은 사랑의 실천자가 아니다."

—『올 어바웃 러브』

사랑의 기술

지배가 있는 곳에 사랑은 없다

사랑과 권력은 공존할 수 없다. 한쪽이 다른 쪽을 통제하는 관계에서 진짜 사랑은 불가능하다. 아무리 사랑한다고 말해도. "내가 걱정되니까 연락처 보여줘." "사랑하기 때문에 그 친구 만나지 마." "너를 위해서 하는 말이야." 보호라는 이름으로 자유를 빼앗는 것. 훅스는 이것이 가부장적 문화의 핵심 문제라고 봤다. 남성이 여성을 통제하는 것이 사랑의 표현으로 포장된다. 하지만 진짜 사랑은 상대의 자유를 존중한다. 상대의 자율성을 지지한다. 상대가 자기 선택을 할 수 있도록 한다.

이것은 연인 관계에만 해당되지 않는다. 부모가 아이를 통제하면서 사랑이라고 하는 것. 친구가 관계를 독점하면서 우정이라고 하는 것. 상사가 무리한 요구를 하면서 "회사 가족"이라고 하는 것. 사랑의 이름으로 권력이 행사되는 곳 어디서든. 사랑이 가능하려면 먼저 권력의 구조를 봐야 한다. 그 구조를 보지 않으면 사랑이라는 이름으로 지배가 계속된다.

"사랑을 선택하는 순간 우리는 지배에 맞서 움직이기 시작한다. 억압에 맞서 움직이기 시작한다."

— 벨 훅스

자기 사랑이 먼저다

———

훅스에게 사랑은 자기 자신에게서 시작된다. 자기 탐닉이나 자기중심주의가 아니다. 훅스가 말하는 자기 사랑은 자신의 성장을 위한 헌신이다. 자신을 돌보는 것. 자신의 필요를 인식하는 것. 자신을 착취하지 않는 것. 자신을 사랑하지 못하는 사람은 두 가지 방향으로 간다. 하나는 상대에게 매달리는 것이다. 상대가 자신을 사랑해줘야 가치 있다고 느낀다. 상대가 없으면 자신이 없는 것 같다. 이것이 집착이 된다. 다른 하나는 상대를 통제하는 것이다. 통제해야 안전하다고 느낀다. 상대가 떠나면 무너질 것 같다. 이것도 두려움에서 온다. 둘 다 같은 곳에서 출발한다. 자기 자신이 비어 있는 것이다. 자신을 돌볼 수 있는 사람만이 타인도 진짜로 돌볼 수 있다.

"자신을 사랑할 수 없다면 다른 누구도 사랑할 수 없다."

— 『올 어바웃 러브』

연애에서 상대보다 더 많이 필요로 하고, 더 자주 연락하고, 관계에 더 많이 투자하고 있다면, 자기 자신을 얼마나 돌보고 있는지를 먼저 물어보라. 상대를 통해 채우려는 것이 자기 안에서 먼저 채워질 수 있는 것인가.

사랑은 배울 수 있다

사랑이 감정이 아니라 실천이라면 배울 수 있다. 어린 시절에 잘못 배웠다고 해서 영원히 그대로인 것이 아니다. 사랑이 무엇인지를 다시 정의하는 것. 사랑이 아닌 것을 구별하는 것. 정직을 연습하는 것. 상대의 자유를 존중하는 것. 자기 자신을 돌보는 것. 이것들은 알면 달라진다. 연습하면 몸에 익는다.

훅스는 사랑을 혼자 배울 수 없다고 봤다. 좋은 관계를 본 적 없는 사람이 좋은 관계를 만들기 어렵다. 주변에 정직하게 사랑하는 사람이 있으면 그것을 보면서 배운다. 훅스는 이것을 공동체라고 불렀다. 사랑은 개인의 능력이 아니라 문화다. 사랑하는 법을 아는 사람들 사이에서 사랑이 전해진다.

“사랑을 위한 학교는 존재하지 않는다. 누구나 본능적으로 사랑하는 법을 알 것이라고 전제한다. 압도적인 반대 증거에도 불구하고.”

—『올 어바웃 러브』

사랑은 동사다

우리는 평생 사랑을 원한다고 말한다. 사랑을 찾는다고 말한다. 사랑이 없다고 한탄한다. 훅스는 묻는다. 그것이 정말 사랑을 원하는 것인가. 아니면 사랑이라고 불리는 감각을 원하는 것인가. 가슴이 뛰는 것. 누군가에게 선택받은 느낌. 혼자가 아니라는 확인. 이것들은 사랑처럼 느껴진다. 하지만 변화를 요구하지 않는다. 드러내는 것을 요구하지 않는다. 달라지는 것을 요구하지 않는다.

진짜 사랑은 요구한다. 정직을. 불편함을. 자기를 드러내는 것을. 상대의 성장을 위해 자기 편의를 내려놓는 것을. 그래서 많은 사람이 사랑을 원한다고 말하면서 실제로는 사랑에서 도망친다. 사랑처럼 보이는 것 뒤에 숨는다. 어린 시절이 여기에 한몫한다. 사랑과 고통이 함께 왔다. 사랑과 통제가 함께 왔다. 사랑과 조건이 함께 왔다. 그것이 사랑의 감각으로 저장됐다. 그래서 성인이 된 후에도 그 감각이 사랑처럼 느껴진다. 상처가 친숙하다. 통제가 안전하게 느껴진다. 집착이 사랑으로 읽힌다. 사랑은 명사가 아니다. 동사다. 찾는 것이 아니라 하는 것이다. 느끼는 것이 아니라 선택하는 것이다. 그리고 동사는 배울 수 있다. 어린 시절에 잘못 배웠더라도 다시 배울 수 있다. 지금 당신이 사랑이라고 부르는 것이 있다면, 오늘 밤 그것을 한 번만 다르게 불러보라. 감정이 아니라 행동으로. 느낌이 아니라 선택으로. 명사가 아니라 동사로.

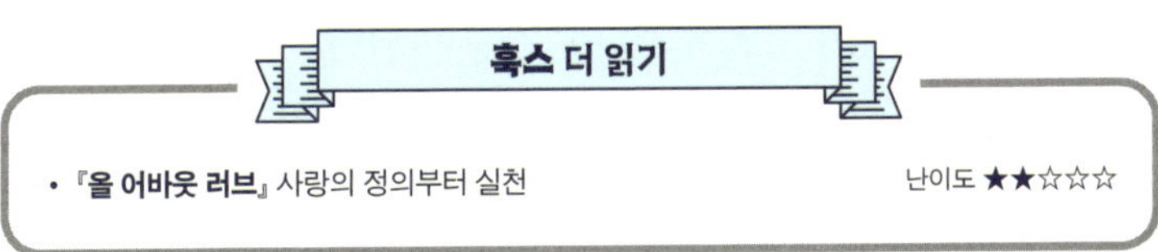

사랑이 영원할 거라고 생각했다

처음 그 사람을 만났을 때. 이 감각이 사라질 거라고는 상상하지 못했다. 이 사람이 달라 보일 거라고는, 이 관계가 흔들릴 거라고는, 이 설렘이 배경이 될 거라고는. 영원할 것 같았다. 그래서 시작했다. 그것이 오해였다는 것을 이제 안다.

사랑은 영원하지 않다. 감정은 변한다. 열정은 식는다. 친밀함이 깊어지면 설렘이 줄어든다. 상대의 결점이 보이기 시작한다. 처음에는 매력이었던 것이 시간이 지나면 갈등이 된다. 이것이 사랑의 실패가 아니라 사랑의 구조다.

그런데 이상한 일이 있다. 이 모든 것을 알고 나서부터 사랑이 비로소 완전해지기 시작한다. 영원하지 않다는 것을 알기 전까지, 사랑은 착각 위에 서 있다. 상대가 항상 이럴 거라는 착각. 이 감정이 계속될 거라는 착각. 이 사람이 나의 모든 것을 채워줄 거라는 착각. 그 착각이 걷히는 순간 많은 사람이 떠난다. 사랑이 끝났다고 생각하면서. 하지만 사라진 것은 착각이었다. 사랑은 그 자리에 있다.

착각이 걷히고 나서야 보이는 것이 있다. 불완전한 사람이 불완전한 사람을 선택하는 것. 영원을 보장할 수 없으면서도 오늘 함께하기로 결정하는 것. 변할 수 있다는 것을 알면서도 지금 이 사람 앞에 있는 것. 착각이 없는 자리에서 하는 선택이 더 무겁다. 보장 없이 시작하는 사랑이 더 용감하다.

완벽한 사랑이 없다는 것을 아는 순간부터 사랑은 완전해지기 시작한다.

세계척학선집

사랑은 오해다

ⓒ 이클립스

초판 1쇄 인쇄 2026년 4월 10일

지은이 이클립스
기　획 조영훈
편　집 조영훈
디자인 김지혜
마케팅 정호윤, 김민지, 송유경, 김은주, 최서환
펴낸곳 모티브
이메일 motive@billionairecorp.com

ISBN 979-11-24370-32-2 (03160)